Joseph Schürmann, Gustav Körting

Neuphilologische Studien

Viertes Heft: Darstellung der Syntax in Cynewulfs Elene

Joseph Schürmann, Gustav Körting

Neuphilologische Studien
Viertes Heft: Darstellung der Syntax in Cynewulfs Elene

ISBN/EAN: 9783743425521

Hergestellt in Europa, USA, Kanada, Australien, Japan

Cover: Foto ©Paul-Georg Meister /pixelio.de

Manufactured and distributed by brebook publishing software (www.brebook.com)

Joseph Schürmann, Gustav Körting

Neuphilologische Studien

uphilologische Studien.

Herausgegeben

von

Dr. Gustav Körting,

o. ö. Professor der romanischen und englischen Philologie
an der Königl. Akademie Münster.

Viertes Heft:

Darstellung

der

Syntax in Cynewulfs Elene.

Von

Dr. Joseph Schürmann.
ord. Lehrer am Realgymnasium zu Lippstadt.

Paderborn.

Druck und Verlag von Ferdinand Schöningh.

1884.

IV.

Darstellung

der

Syntax in Cynewulfs Elene

von

Dr. Joseph Schürmann,
ord. Lehrer am Realgymnasium zu Lippstadt.

Erster Teil.
Syntax der Wortklassen.

Kapitel I.
Syntax des Substantivs.

§ 1. Bemerkungen über den syntaktischen Gebrauch der Numeri.

Der Singular konkreter Substantive wird in der Elene[1]) öfter kollektiv anstatt des Plurals gebraucht, indem das Individuum als Vertreter der Gattung aufgefafst wird: þonne rand dynede, campwudu clynede 50. mearh moldan träd 55. fyrdlêoð âgôl wulf on wealde .. ûrigfeðera earn sang âhôf 27 ff. 110. 111. 112. 118; so auch der Singular zur Bezeichnung einer Mehrheit von Personen: ðær wäs on eorle êðgesýne brogden byrne and bill gecost, geatolic gûðscrûd, grimhelm mânig, ænlîc coforcumbol. 256.

Der Plural von Substantiven kommt öfter in singularer Bedeutung vor. Die Form des Singulars erscheint dabei mehrfach neben dem Plural: heofon Himmel, þû tô heofenum beseoh 83. 101. 188. 527. 699. 801. 976, daneben der Singular 728. 753. 1230; ebenso rador Himmel, 13. 46. 205. 406. 482. 631. 804. 919. 1067. 1075. 1151. 1235, neben dem Singular 731. 795 (swegl Himmel kommt nur im Sgl. vor 75. 507. 623. 755). wîc Wohnung, þâ wîc behéold hâlig heofonlic gâst 1144; 1038 ist die Form nicht erkennbar; brêost Brust, nur im Plural, cräft in brêostum 595, in þäs weres brêostum 967. 1038. 1095. Aufser diesen finden sich besonders Abstrakta so gebraucht: sæl Glück, on sâlum 194. äfst Hafs, äfstum 207, Sgl. 308. eaðmedu Demut, eallum êaðmedum 1088. 1101. ermðu Elend,

---
[1]) **Vorbemerkung.** Zu Grunde gelegt wurde, wie selbstverständlich, der folgenden Untersuchung die Ausgabe Zupitza's (2. Aufl. Berlin 1883).

in ermðum 768, Sgl. yrmðu 953. mærð Ruhm, mærðum 15. 871. miht Macht, mihtum 15, mihtum mære 340, mihta spêd 366. 584. 786. 819. 1043. 1070. 1100, Sgl. 310. 558. 597. 727. ôfost Eile, ôfstum myclum. 44. 102. 1000. unsnyttro Unklugheit, unsnyttrum 947, Sgl. 1295. þeostru, þýstru Finsternis, þýstrum 307. 367. 767. þrym Herrlichkeit, eallra þyrmma god 519. 483. wästm Befruchtung, wästmum geácnod 341.

Der Dual wird entweder durch Hinzufügung der Formen von begen „beide" zu dem Substantiv ersetzt: hê mid bæm handum ûpweard plegade 805, oder durch den blofsen Plural: hê mid handum befêng wuldres wynbêam 843, êagena lêoht 298.

§ 2. Bemerkungen über den Gebrauch der Kasus.

I. Der Nominativ ist der Kasus des Subjekts: cyning wäs âfyrhted 56. gâras lixtan 23 u. s. f.

Im Nominativ steht ebenfalls die prädikative Ergänzung der Intransitiva und Passiva: hê wäs riht cyning 13. hê wäs sanctus Paulus be naman haten 504 u. s. f. Vgl. 2. Teil, Kap. I. § 5.

II. Der Vokativ eines Substantivs erscheint 1) allein: Constantinus, heht þê cyning engla wære bêodan 79. 333. 351. 399; 2) mit einem attributiven Genitiv: gedô nû, fäder engla, torð bêacen þin 784. 814. 1074; 3) mit einem attributiven Adjektiv: oft gê dyslice dæd gefremedon, werge wræcmæcgas 386. 464. 1168; 4) mit einem Possessiv: wê þäs herewoorces, hlæfdige min, neah myndgjaþ 656. þû snûde gecýð, min swæs sunu 446. nû þû meaht gehýran, hæleð mîn se lêofa 511.

III. Der Genetiv eines Substantivs kann sein: 1) attributive Bestimmung; vgl. 2. Teil, Kap. II. § 5. I; 2) adverbiale Bestimmung; vgl. ibd. § 2. 1; 3) Ergänzung eines Adjektivs; vgl. 2. Teil, Kap. II. § 2, I. 1; 4) Objekt transitiver Verben; vgl. 2. Teil, Kap. I. § 3, I. 2.

IV. Der Dativ eines Substantivs erscheint: 1) als attributive Bestimmung; vgl. a. a. O. II; 2) als adverbiale Bestimmung; vgl. a. a. O. 2; 3) als Ergänzung eines Adjektivs; vgl. a. a. O. (s. oben bei III); 4) als Objekt transitiver Verben; a. a. O. I. 3.

V. Der Instrumentalis steht: 1) als adverbiale Bestimmung; vgl. a. a. O. 4; 2) als Ergänzung eines Adjektivs; vgl. a. a. O. 3; 3) als Objekt bei Verben; vgl. a. a. O. 4.

VI. Der Akkusativ wird gebraucht: 1) als adverbiale Bestimmung; vgl. a. a. O. 3; 2) als Objekt bei Verben; vgl. a. a. O. 1; 3) als prädikative Ergänzung faktitiver Verben; vgl. 2. Teil, Kap. I. § 5.

VII. Das Substantiv mit einer Präposition kann sein: 1) adverbiale Bestimmung; vgl. Kap. VI. § 1., und 2) attributive Bestimmung; vgl. 2. Teil. Kap. II. § 5. III.

§ 3. Gebrauch des Artikels.

I. Der bestimmte Artikel.

Als bestimmter Artikel dient das Demonstrativ sê sêo (sio) þæt. Die Verwendung dieses Artikels ist in der Elene noch verhältnismäfsig selten. Eine Notwendigkeit seiner Verwendung tritt nirgends hervor, da das artikellose Substantiv in allen Fällen daneben hergeht. Der Gebrauch, bezw. Nichtgebrauch des bestimmten Artikels soll im folgenden nach den Wortklassen dargestellt werden.

1. Bei Eigennamen. Der best. Artikel findet sich zweimal vor einem von einem attributiven Adjektiv begleiteten Personennamen: sêo êaðhrêðige Elene 266. sêo êadige Elene 619. Sonst entbehren die Eigennamen durchgehends des Artikels: a) Personennamen: Elene ne wolde þæs siðfates sæne weordan 220. Constantines câserdômes 8. Sâwles lârum 497 u. so immer; auch in Fällen, wie die ebengenannten, fehlt sonst der Artikel: him ðâ glêawhŷdig Jûdas oncwäð 504. 935. 1003. b) Völkernamen: werod samnodan Hûna lêode and Hrêðgotan, fôron fyrdhwate Francan and Hûgas 19 f. 32. weras Ebrêa 287. 448. Jûdêa cyn 209, so 216. 268. 278. 328. 837. 977. 1203; weard Isrâhêla 338. 361. 433. 800 u. s. f. c) Die Namen der Länder, Städte, Flüsse, Berge: on Crêca land 250. 262. tô Hierusalem 273. 1056. Rôme bisceop 1052. on Danûbie stäðe 36. 136. Caluarie 672. 676. 1011. 1098; hier mögen noch erwähnt werden die Bezeichnungen für Himmel, Himmelskörper, Hölle, Paradies: þû tô heofenum beseoh 83. 188 u. s. w. þû geworhtest heofon and eorðan 727. 752. 591. gif ðû in heofonrîce habban wille card mid englum and on eorðan lîf 621; vgl. die Stellen über „Himmel" § 1; ðâ cwom sunnan beorhta lâcende lîg 1110; sie þâra manna gehwâm behliden helle duru 1229. hie sceolon

neorxnawang (Paradies) hâlig healdan 756. d) Die Namen der Jahreszeiten: wäs þâ lencten âgân bûtan VI. nihtum ær sumeres cyme on maias kalendas 1227.

2. Bei konkreten Gattungsnamen für Personen wie für Sachen dient der Artikel vorzugsweise, sie auf ein bekanntes, eben genanntes oder noch näher zu bezeichnendes Individuum zu beziehen.

a. Als solche bekannte Individuen sind die Bezeichnungen (Titel etc.) der in den Vordergrund der Erzählung tretenden Personen, auch ohne jede nähere Bestimmung stehend, oft vom Artikel begleitet: se câsere 42. þâm câsere 70. 175. 212. 416. 999, ðâm cininge 989. þäs ciniuges 1170, se ädeling 202, se lêodfruma 191. þâm wiggende 984. ðäs wilgifan 221; daneben erscheinen diese Substantive ohne Artikel, ohne dafs ein Unterschied der Bedeutung sich zeigte: câseres 262. 330. 551. 669, cyning 51. 55. 96 u. s. w. ymb ädeling 65 etc. — sêo cwên 378. 384. 416. 558. 715. 980. 1018. 1152. 1205, sio guðcwên 254, þære cwêne 324. 587. 610; ohne Artikel: cwên 247. 1069 etc. — ät þâm bisceope 1217, tô þâm bisceope 1073, þäs lâttêowes 1210; ohne Artikel: bisceop 1052. 1057. — se hælend 862. 920. ðäs nergendes 1065, se liffruma 335, se þeoden 563, þäs dêman 1283; ohne Artikel: 726. 809. 1063 etc. god steht immer ohne Artikel, wenn es keine nähere Bestimmung bei sich hat — se âr (Bote) 76. 87. 95. þâ âras 1007. In diesen Fällen zeigt sich die dem Artikel seiner Natur nach ursprünglich innewohnende deiktische Kraft am vollständigsten abgeschwächt. Diese Abschwächung tritt auch, wiewohl seltener, bei anderen Gattungsnamen ohne nähere Bestimmung ein: þâra lêoda 285. 1127. on þâ ceastre 846. 1205. in þâm âde 1290. þâm midle 1296. þäs wylmes 1299. of ðâm morðorhofe 1303. of ðâm heaðowylme 1305. þäs dômes 1304. þâra manna 1229. 1312. þâ byrgenna 652. þâ stôwe 653. þâ wintergerim 654.

b. Die hinweisende Kraft des best. Artikels tritt stärker hervor, wenn durch denselben auf etwas gerade Vorliegendes, eben Genanntes hingedeutet wird, ohne dafs er deshalb eigentliches Demonstrativ wäre: tô Hierusalem in þâ ceastre 274. þäs weres 959. 967. 1038. þone hellesceaþan 957. þâm sigebêame 665. 861. 965. þâ rôde 631. 919. 1023. þâra rôda twâ 880.

þâ stôwe 683. þäs wanges 684. þâ wisan 684. on þâm stedewange 1021. on þâm wangstede 1104. þâm näglum 1128. þæra nägla 1078. 1086. 1103. þâ näglas 1158. So dient der Artikel auch zur Aufstellung eines Gegensatzes: Elene gehýrde, hû se féond and se frêond geflitu rærdon 953.

c. Häufiger tritt der best. Artikel zu solchen Gattungsnamen, welche durch anderweitige Zusätze auf bestimmte Personen oder Sachen beschränkt sind. Die Beschränkung findet statt: α) durch ein attributives Adjektiv, se lindhwata léodgebyrga 11. se blâca bêam 91. se ealda féond 207. þâ wêregan néat 357. þone sciran scippend 370. se mihtiga cyning 942. þone âhangnan cyning 453. 934. þone âhangnan Crist 798. fram þâm engan hofe 712. ofer þâm äðelestan engelcynne 733. þurh þâ beorhtan bearn 783. ofer þät læge hûs 881. tô þære hâlgan byrig 1006. 1204. sio hâlige rôd 720. 1012. þät hâlige trêo 701. þurh þâ hâlgan gesceaft 1032. in ðâ beorhtan gesceaft 1089. se hâlga bisceop 1094. mid þâ äðelan ewên 275. sio rice cwên 411. séo äðele cwên 661. þone äðelan bêam 1074. þære ârwyrdan cwêne 1129. ðære deorestan rôde 1234. se ricesða calles oferwealdend 1235. in þät ærre lîf 305. on þät betere lîf 1046. þâ äðelestan näglas 1107. in þâ sweartestan and þâ wyrrestan witebrogan 932. Dafs der Artikel hier nicht mit Notwendigkeit steht, ist ersichtlich aus folgendem Beispiele: þý læs tôworpen sien frôd fyrngewritu ond þâ fäderlican lâre forleten 430. Grundzahlen bei einem Substantiv scheinen die Anwendung des Artikels zu begünstigen: þâm twâm dælum 1306. ymb þâ rôda þrêo 869; fast ausnahmslos steht der Artikel, wenn das Substantiv von einer Ordnungszahl begleitet ist: ðý þriddan däge 185. 485. se þridda dæl 1298. on þone scofedan däg 697. oð þâ nigoðan tîd 870; — wäs þâ nigoðe tîd 874, þâ wäs syxte geâr 7 sind die einzigen Ausnahmen; auch bei anderen Zeitangaben steht der Artikel: on þâ äðelan tîd 787, on þâ slîðan tîd 857; β) durch einen Genetiv: se gâsta helm 176. se wuldres bêam 217. be þâm lîfes trêo 706. þät lîfes trêo 1027. ymb þät lîfes trêow 664. äfter þâm wuldres trêo 828. se hâlga hêahengla god 751; γ) durch einen Relativsatz: se god, þe 161. be þâm sigebêame, on ðâm 420. 444. þâ word, þe 582. be þære rôde, þe 601. sêo rôd radorcyninges, þe 624. tô þære stôwe on þâ dûne up, ðe 714.

se hǽlend, þe 912. ät ðâm willspelle, þe 994. for þâm näglum, þe 1065.

d. Die Substantivierung von Adjektiven und Ordnungszahlen begünstigt anscheinend den Gebrauch des best. Artikels, ohne ihn jedoch zu fordern: þäs halgan 86. on þone hâlgan 457. tô þâm ânhagan 604. sêo äðele 1131. ðǽre äðelan 545. — þâm ryhte 369. þäs unrihtes 472. 515. þâm wyrsan 1040. ðät sôd 708. — þät betere 1039. 1062. mîn on þâ swîðran 347. — þâm snoterestum 277. þâ wîsestan 323. þâ glêawestan 530. þâ sêlestan 1019. þâm äðelestan corðcyninga 1174. — sîo þridde 884. Über die Subst. des Adjekt. und die Fälle, wo kein Art. steht, vgl. Kap. II. § 1.

3. Bei Sammelnamen erscheint der Artikel unter denselben Bedingungen, wie bei den Gattungsnamen:

a. bei dem alleinstehenden Substantiv, um auf schon Genanntes hinzuweisen: tô þâm heremeðle 550. þâm folce 1056. in þǽre folcsceare 968. geond þâ werþeode 969. on þâm gumrîce 1221;

b. wenn das Substantiv ein attributives Adjektiv bei sich hat: on þät fǽge folc 117. mid þâ leohtan gedryht 737. sîo werge sceolu 763.

4. Stoffnamen haben in der Eneae nie den Artikel bei sich.

5. Abstrakte Substantive erhalten den Artikel ebenso wie die Gattungsnamen; der abstrakte Begriff erscheint hier als ein bestimmter, individualisierter. So:

a. bei alleinstehenden Abstrakten: þâ ǽ 393 (das Gesetz $\varkappa\alpha\tau'$ $\dot{\varepsilon}\xi o\chi\dot{\eta}\nu$, das alttestamentliche). þǽre snyttro 293. sêo wergðu 309. þäs sidfates 220. þâ wyrd 583. þät lêoht 94. se bisceophâd 1212. þâ gehðu 609. þâra scylda 470. þâra bealudǽda 515;

b. bei solchen, welche einen attributiven Zusatz haben: þâ sciran miht 310. þâ dêopan mihte 584. þurh þâ myclan miht 597. þurh þâ mǽran miht 1242. ymb þâ mǽran wyrd 1064. þone fägran gefêan 949. ät þǽre gesyhðe þäs sigebêames 965;

c. bei Abstrakten, welche durch einen Relativsatz näher bestimmt sind: ðät æbylgð, þe 401. sîo syn, þe 414. þâ geþeahte, þe 468. þâ word, þe 582.

II. Der unbestimmte Artikel.

Als unbestimmter Artikel fungiert im Ags. ân oder sume. In der Elene kommt keins von beiden Wörtern in der Funktion eines unbestimmten Artikels vor, vielmehr steht das Substantiv überall, wo man denselben erwarten könnte, allein: ne hýrde ic sið né ær idese lædan mägen fägrre 240. ėow ácenned bid eniht on dégle 339. ic up áhôf eaforan ginge and bearn cende 353.

§ 4. Die Funktionen des Substantivs im Satze.

Das Substantiv erscheint im Satze: 1) als Subjekt, vgl. § 2. I; 2) als prädikative Ergänzung bei Intransitiven und Passiven, vgl. ibd. und 2. Teil Kap. I. § 5; 3) als näheres oder entfernteres Objekt bei Verben, vgl. ibd. § 3; 4) als Apposition. ib. Kap. II. § 3; 5) als attributive Bestimmung, allein oder mit Präpositionen, vgl. ibd. § 5; 6) als adverbiale Bestimmung, allein oder mit Präpositionen, vgl. ibd. § 2. und Kap. VI. § 1 Präpositionen.

Kapitel II.

Syntax des Adjektivs.

§ 1. Substantivierung des Adjektivs.

Das Adjektiv wird substantiviert sowohl zur Bildung von Personennamen als von neutralen und abstrakten Begriffen im Positiv, Komparativ und Superlativ gebraucht. Es kommt in beiden Fällen ohne wie mit dem best. Artikel vor.

I. Das Adjektiv substantiviert zur Bezeichnung von Personen:

1. im Positiv, und zwar

a) ohne Artikel: Singl. Nom. þâ þær for corlum ân reordode, gidda gearosnotor, wordes cräftig 417. frôd 542; Dativ: sägdon sigerôfum 71. 190. 812; Akk.: hie unscyldigne, synna léasne tėore beräddon 496. 423. 585. 691. 692. 877. 945. 1053; Plural, Nom. und Vok.: hæðene grungon 126. 231. 333. 396. 1182. 1209. oft him feorran tô lâman, limsėoce, lefe cwômon, healte, heorudrėorige, hrėofe and blinde, héane, hygegėomre 1213. 1289. 1295. gė môdblinde 306. 333; Genetiv: sôðfästra leoht 7. 30. wið ofermägene hrôrra 65. on clænra gemang 96. 112. 138.

139. 821. 1206. 1290. 1293. 1295. 1301; Dativ: gèomrum tô sorge 922. 310. gamelum tô gèoce 1182. 1247; Akk.: siððan elþèodige scèawedon 57. frôde 442. 1018;

b) mit dem Artikel, vgl. oben Kap. I. § 3. I. 2. d.

2. im Komparativ,

ohne Artikel: þûhte him hälcða nâthwylc geýwed ænlicra. þonne 73. ðâ mè yldra mîn âgeaf andsware 462. 159;

3. im Superlativ,

a) ohne Artikel: äðelust bearna 476.

b) mit Artikel: vgl. oben Kap. I. § 3 a. a. O.

II. Das Adjektiv substantiviert zur Bezeichnung von neutralen und abstrakten Begriffen:

1. im Positiv,

a) ohne Artikel: Singl.: ne geald hê yfel yfele 493. þät hio þære cwène oncweðan meahton swâ tiles, swâ trâges 324. on ebrisc 725, Plural: ongan þâ hlèoðrjan helledèofol, yfela gemyndig 901;

b) mit Artikel: ge þâm ryhte wiðroten heafdon 369. 390. 601. 663. 680. 1241. 1296;

2. im Komparativ,

a) ohne Artikel: þät hè þâ wiste wiðsäce, beteran wiðhycge 617;

b) mit Artikel: hè þät betere gecèas, ond þâm wyrsan wiðsôc 1039. on þät betere forð 1062. mîn on þâ swîðran 346.

3. im Superlativ, immer ohne Artikel: nû gè geare cunnon, hwät cow þäs sèlest þince 531. 1165; in den andern Fällen ist der substantivierte Superlativ von einem Substantiv im Genetiv begleitet: Sgl. beaduþrèata mæst 31. fyrda mæst 35. tâcna torhtost 164. frôfra mæst 195. 993. hyhta hihst 196. sèlest sigelèana 527. hattost heaðowelma 579. lèohta beorhtost 948. sèlest sigebèacna 975. gnornsorga mæst 977. wyrda laðost 978. wilspella mæst 984. mærost bèama 1013. 1225. sèlest sigebèama 1228, Plural: wôda wlitegaste 749.

§ 2. **Die Rektion der Adjektive.**

Die Rektion des Adjektivs ist bedingt:

1. durch die Bedeutung.

1. Der Genetiv steht: a) bei den Adjektiven, welche Fülle oder Leere bezeichnen: þäs hè in ermðum sceal ealra fûla *ful*

fâh þrôwjan 768. wisdômes ful 939. on ðâm þrôwode þeoda waldend eallra gnyrna *léas* 421 f. hie synna léasne feore berǽddon 426. 693. 777. 945. þone unscyldigne eofota gehwylces hêngon 423. (ic) nû gehŷned eom, gôda *geásne* 923; b) bei den Adjektiven des Wissens und Nichtwissens: geþencaþ weras wisfäste *wordes cräftige* 313. wordes cräftig 419. þâ âu reordode gidda gearosnotor 417 (auch mit dem Dativ, vgl. 3.); Cyriacus bôca gléaw 1210. hé is wordcräftes wîs 591. 322; dô, swâ þé þynce, fyrngidda frôd 541. wäs séo éaðhrédige Elene gemyndig þéodnes willan 265. þät þû mâ he sie minra gylta, metod, gemyndig 817 ff. yfela gemyndig 901. synna gemyndig 940 (gemynde wird mit der Präp. ymb gebraucht 1064.). Word stunde âhôf elnes oncŷðig 724 (der Kraft unkundig, kraftlos?); c) bei den Adjektiven bereit, entschlossen, säumig: þâ hio wäs siðes fûs 1218 (vgl. fŷsan, 2. Teil, Kap. I, § 3). elnes ânhŷdig 829 (zur Kraft entschlossen, eifrig?). Elene ne wolde þäs siðfates *sǽne* weordan 219 f.

2. Der Dativ steht: a) bei den Adjektiven, welche lieb geneigt, treu, bekannt und deren Gegenteil bedeuten: Jûdas geclǽnsod wearð lîfwearde *léof* 1036. gé *wyrðe* wǽron wuldorcyninge 290. wäs se lindhwata léodgebyrga corlum *árfäst* 12. Jûdas geclǽnsod wearð Criste *getrŷwe* 1035. þǽr wearð Hûna cyme *cûð* ceasterwarum 42. guma giddum *frôd* 531. þǽr þâ ǽnne betǽhton giddum *gearnsnottorne* 585. be þâm se witga sang *snottor* searuþancum 1189. séo cwén bebéad *cräftum* getŷde sundor âsécan 1018. léodum *dyrne* 723. duguðum dyrne 1093. nê wé geare cunnon, þurh hwät ðû ðus *hearde*, hlǽfdige, ûs *eorre* wurde 399 ff. b) bei den Adjektiven ähnlich, gleich: landes frätwe gewitaþ under wolcnum winde *gelicost* 1271. forðan hie nû on wlite scinaþ englum *gelîce* 1319. feoh ǽghwâm bið *lǽne* under lyfte 1271. sunde *getenge*, sich andrängend, nahe 228. grunde getenge 1114.

3. Der Instrumentalis. Ein einziges in der Elene vorkommendes Adjektiv hat seine Ergänzung im Instrumentalis bei sich, hrémig erfreut: gewàt þá heriga helm hâm eft þanon hûðe hrémig 148. (héo) lâc weorðode blissum hrémig 1137.

II. Die Rektion eines Adjektivs wird durch seine Form bedingt.

1. Beim Komparativ steht die Sache, mit welcher eine andere verglichen wird, im Dativ: him nænig wäs ælærendra óðer betera 505. Hêo wæron stearce, stâne heardran 565. ðá ewôm semninga sunnan beorhtra lâcende lîg 1110.

2. Das Maſs, um welches eine Sache eine andere übertrifft, wird beim Komparativ durch den Instrumentalis ausgedrückt: nû lytle ær sägdest sôðlice be þâm sigebêame 664; hierher gehört auch der Instrumentalis des Demonstrativs þý, þê, desto: cyning wäs þý bliðra ond þê sorglêasra 96. [vgl. ic gelýfe þê sêl ond þý fästlicor ferhð staðelige 796. wite ðû þê gearwor 946.]

§ 3. Die syntaktischen Verwendungen des Adjektivs.

Das Adjektiv tritt im Satze auf: 1) in den Funktionen des Substantivs, wenn es substantiviert ist, vgl. diese oben Kap. I. § 4 und Kap. II. § 1; 2) als Attribut bei einem Substantiv, vgl. 2. Teil, Kap. II. § 4; 3) als prädikative Bestimmung intransitiver und passiver Verben, vgl. a. a. O. Kap. I. § 5, und faktitiver Verben ibd. § 5.

Kapitel III.
Syntax des Pronomens.

§ 1. Das Personalpronomen.

I. Das persönliche Fürwort ist der gewöhnliche Begleiter des Verbs, wo dies ohne Substantivsubjekt steht: ic ongiten häbbe 288. ðû hæleud eart 809. he wäs riht cyning 13. u. s. f.

Das persönliche Fürwort als Subjekt kann fehlen 1) im alleinstehenden Hauptsatze, dann, wenn es sich aus dem Zusammenhange leicht ergiebt: för fyrda mæst, fêðan trymedon coredcestum 35. wæron hwate weras 22. woldon Rômwara rice geþringan 40. 276. þær wäs lof hafen fäger mid þý folce. fäder weorðodon and þone sôðan sunu wealdendes wordum heredon 890 ff. 105 ff. 912 ff. 1137 ff. u. s. f.; 2) im zweiten und dritten Gliede einer asyndetisch oder syndetisch verbundenen Satzreihe: ic symle mec âscêd þára scylda, nales sceame worhte gäste minum 469. mid þýs bêacne ðû fêond oferswiðesð, geletest lâð werod 92. môdsorge wäg Romwâra cyning, rices ne wênde för werodlêste: häfde wigena tô lyt 61 ff. wê ðät æbylgð nyton, þe wê gefremedon on þysse folcscere, þeodon bealwa wið þec æfre 401 ff. swâ gê, môdblinde, mengan ongunnon lige wið sôðe, inwitþancum wroht webbedan 306 ff. gê þâ scîran miht dêman ongunnon ond gedwolan lifdon 310 f. Neben dieser Auslassung zeigt sich aber auch die öftere Wiederholung besonders der Pronomina der 1. u. 2. Person, 290 ff. 384 ff.; 3) sehr häufig fehlt es im untergeordneten Satze, wo es sich leicht aus dem vorhergehenden übergeordneten ergänzt: hé manegum wearð mannum tô hrôðer, syððan wæpen âhôf wið heteudum 15 ff. u. sonst oft. Natürlich findet auch in Nebensätzen öfter eine Wiederaufnahme des Subjektes statt; vgl. etwa 320—324: 4) das Subjektspronomen findet sich ausgelassen auch dann wenn die gemeinte Person im vorhergehenden in einem obliquen Kasus vorkommt: ic þé biddan wille, þät mê þät goldhord, gásta scyppend, geopenje 789 (dafs du); 5) beim Imperativ werden die Subjektspronomina in der Elene ebenso oft ausgelassen, als sie gesetzt werden; sie stehen: 81. 83. 372. 406. 446. 1087; wenn in koordinierten Sätzen zwei Imperative auf einander folgen, steht beim zweiten nie das Pronomen: 372. 3, 406. 7, 1087. 90; sie fehlen: 313. 333. 464. 541. 607. 623. 857, jedoch wird 333 und 464 der Imperativ von einem Vokativ begleitet, 541. u. 857 folgt þù im Nebensatze; 6) bei den unpersönlichen Verben mit obliquem Pronominalkasus fällt das neutrale hit weg: þúhte him 72. dô, swâ þê þynce 541. êow þäs lungre âþrêat 368. swâ þê lêofre biþ 606; es fehlt aber auch sonst häufig bei dem unpersönlichen Prädikat, besonders wenn ein Subjektssatz folgt: bið þâm twâm dælum ungelice 1307. gode nô syddan of ðâm morðorhofe in gemynd cumað 1302. him gebyrde is, þät hê gênewidas glêawe häbbe 593. þâ wäs gesýne, þät sige forgeaf etc. 144. ne bid lang ofer þät, þät Israhéla etc. 432.

II. Eine Auslassung des persönlichen Fürwortes als Objekts ist mir in drei Fällen begegnet: þonc ænne genam Jûdas tô gisle and þâ georne bäd, þät hê.. 599 ff. ne meahte hire Jûdas (nê ful gere wiste) sweotole gecýðan etc. 860 ff. 1249.

III. Der Majestäts- und Verfasserplural findet sich in der Elene nicht; die Kaiserin spricht: ic êow secgan wille 574 und sonst; ebenso führt der Dichter sich in der 1. Pers. Sgl. ein: þus ic frôd and fûs wordcräft wäf 1237.

IV. Da die Personalpronomina substantivischer Natur sind, so können sie Attribute und Appositionen zu sich nehmen; gê, môdblinde 306. êow sêo wergðu forðan sceðþeð scyldfyllum 309 f., vgl. 2. Teil, Kap. II § 3.

V. Der syntaktische Gebrauch der persönlichen Fürwörter in der Elene bietet sonst nichts Bemerkenswertes. Sie können im Satze auftreten: 1) als Subjekt, s. o. I; 2) als näheres oder entferneres Objekt; 3) als attributive Bestimmung; vgl. den betr. §.

§ 2. Ersatz des Reflexivpronomens.

Ein selbständiges Reflexivpronomen besteht im Ags. nicht; als solches werden verwendet 1) die Formen des Personalpronomens: ic symle mec âscêd þâra scylda 469. ne ondræd þû ðê 81. wende hine of worulde 440. wênde him trâge hnâgre (= er fürchtete für sich) 668. heht þâ þät hâlige trêo him beforan ferjan 105. syddan furdum wêox of cildhâde, symle cirde tô him rehte mine 914. hêo hie (?) on cnêow sette 1136. bäd him engla weard geopenigean uncûðe wyrd (er bat den Herrn d. E. ihm zu öffnen) 1101; 2) die Formen des Personalpronomens in der Verstärkung durch sylf: hine sylfne getengde in godes þêowdôm 198. his þegnum hine (?) seolfne geŷwde 487; 3) das Pronomen sylf allein: hie se câsere heht eft gearwjan sylfe tô siðe 999. sêo cwên ongan lêoran lêofra heap, þät hie lufan dryhtnes and sybbe swâ same sylfra betwêonum fäste gelæston 1205.

§ 3. Das Possessivpronomen.

1. Als Possessiva der 1. und 2. Person werden die Genetive der persönlichen Fürwörter mîn, ûser, þîn, êower verwandt: als Possessiv der dritten Person wird in der Elene nie sîn, sondern immer we den die Genetive des Pronomens der 3. Person his, m. und n. Sgl. hiere, f. Sgl., hiera Pl., sowie die des Demonstrativs þäs þære þäs, þâra gebraucht.

2. Die Flexion der Possessiva der 1. und 2. P. ist stark: Nom. Sgl. fäder mîn 528. mîn yldra fäder 436. yldra mîn 462. 517, hlæfdige mîn 656, brôðor þîn 489. swâ þîn môd lufað 597. 447. Gen. þurh þines wuldres miht 727. êowres cynnes 305. Dat. fäder mînum 438. 471. Akk. gê môdgeþanc

minne cunnon 535. willan minne 681. þanon ic ne wende onsion míne 348. æriht éower 375. éowre æ 315. éower hrâ 579. Pl. Nom. fäderas ûsse 425. 458. Dat. mundum þinum 730. Akk. þe mine léode generede 163. Der Dual kommt in der Elene nicht vor. Die Possessiva der 3. P. sind indeklinabel: his môdor 214. his þegnum 487. Elene ne wolde ðäs wilgifan word gehyrwan, hiere syltre suna 222. 1200. léode gesâwon hira willgifan wundor cýðan 1111. þâ wêregan neat ongitaþ hira góddênd, nales feogað frýnd hiera 357 f. in hira lifes tid 1209. éow ácenned bið cniht on dægle, swâ þäs môdor ne bið wästmum géacnod 339. is þäs wuldres ful heofun and corde 752.

3. Die Stellung der Possessiva ist eine freie, vor oder nach ihrem Substantiv, vgl. oben 2. die Beispiele.

4. Von einer Substantivierung der Possessiva findet sich in der Elene kein Beispiel.

5. Das Possessiv kommt mit dem bestimmten Artikel verbunden vor: nû þû meaht gehýran, häleð mín se leofa 511.

6. Statt der Pronominaladjektive werden auch Genetive im subjektiven Sinne gebraucht: mín on þâ swiðran 347. gif hé in wuldre þín ne wære 782. (Vgl. das griechische $\dot{\varepsilon}\mu o\tilde{v}$ $\dot{o}$ $\pi\alpha\tau\acute{\eta}\rho$ u. $\dot{o}$ $\pi\alpha\tau\acute{\eta}\rho$ μov).

7. Dafs das Bewufstsein der genetivischen Natur des Possessivs noch rege war, zeigt sich auch in der Beziehung eines relativen Fürworts auf die durch das Possessiv angedeutete Person: se god, þe þis *his* béacen wäs, þe mé swâ léoht óðýwde 162. þâra dôm leofað and hira dryhtscipe, ðe þone âhangnan cyning herjaþ and lofjað 450.

8. Durch die Verbindung des possessiven Fürworts his mit der Relativpartikel þe wird jenes zum Relativ: hwät se god wære, þe þis *his* béacen wäs 161. Vgl. § 5.

9. An den neuengl. Gebrauch, das Possessiv mit substantivierten Adjektiven im Komparativ zu verbinden, erinnert in der Elene der Ausdruck: þâ mé *yldra* mín âgeaf andsware 462. Vgl. das deutsche meine Eltern.

10. Die Verstärkung des Possessivs durch âgen findet sich in der Elene nicht, wohl aber âgen allein anstatt eines Possessivs: hio forlêt sêcan gehwylcne âgeune eard 598; âgen unterscheidet sich hier durchaus nicht durch die Betonung vom

Possessiv. An den drei andern Stellen, wo âgen vorkommt, entspricht es dem deutschen „eigen", godes âgen bearn 179. 422. 10177.

11. Das Possessiv kann ausbleiben, wo es sich von selbst versteht: (α), þâ on fyrndagum fäderas cûðon 398.

§ 4. Das Demonstrativpronomen.

Über die Verwendung des Demonstrativpronomens sê sêo þät in der Abschwächung als Artikel vgl. oben Kap. I § 3.

I. 1. Das Demonstrativ sê sêo þät bezieht sich auf Gegenstände, die dem Redenden räumlich oder zeitlich nahe liegen, auf einen eben genannten, oder unmittelbar zu nennenden Gegenstand. Es steht

a. substantivisch allein:

α) von Personen: ongit nergendes naman. se is unâsecgendlic. þone sylf ne mäg man âspyrigean 464. þäs môdor 340. is ðäs wuldres ful heofun and eorðe 752. ðäs gelêafan 966. ät þâm se lêodfruma fulwihte onfêng 191. þâm wäs Jûdas nama 337. 342. 418. 437. 530. 586. 750. 1189. þone hîe þære ewêne âgêfon 587. þû geworhtest þâ (âras) 738. þâra on hâde sint in sindrêame syx genemned 740. 744.

β) von Sachen: be ðâm (sc. näglum) frignan ongan cristenra ewên 1068; das Neutrum þät steht allein: αα) auf ein Substantiv oder den Inhalt eines Satzes zurückdeutend: Nom. þät gecýðed wearð 1050. þät manigum sceall geond middangeard mære weorðan 1176. Gen. êow þäs lungre âþrêat 368. nû gê geare cunnon, hwät êow þäs on sefan sêlest þince tô gecýðanne 532. 575. 608. 1124. 1160. 1165. þät.. þäs twêo nære 171. Akk. þâ þät gefrugnon 172. þät forð gehêold 192. 667. 709. 713. bei einer Präposition, ofer ðät 432. 448; ββ) als Subjekt auf ein folgendes Substantiv hinweisend: nis ðät fäger sið 911. 426. 646;

b. auf ein folgendes Relativ hinweisend

α) von Personen: gif þîn willa sie, þät ricsje sê, ðe on rôde wäs 773. bið þät bêacen gode hâlig nemned and sê hwätêadig, sê þät wicg byrð 1194. on þäs andwlitan, þe 298. hû mäg þæm geweorðan, þe 611. þâ gê wergdon þane, þe 294. gê tô dêaðe þone dêman ongunnon, sê ðe etc. 302. þâra þe wíf oððe wer on woruld cendan 508. 450. 971. 975. 1014. 1226. 1288.

β) von Sachen: hû mäg ic þät findan, þät swâ fyrn gewearð 632. 648. — Das (relative) Demonstrativ fehlt öfter und ist dann im folgenden Relativ mit enthalten: Wisdômes beþearf, sê ðære äðelan sceal andwyrde âgifan 543. þær meahte gesion, sê þone sið behêold 243.

c. Das Neutrum þät steht mehrfach zur Hindeutung auf einen folgenden Subjektssatz: gif þê þät gelimpe, þät þû gehýre 441. 456. 1168. 1192, oder auf einen Objektssatz: ic þät gearolice ongiten häbbe, þät gê geârdagum wyrðe wæron 288. 364. 670. 686. 853, auf einen Konsekutivsatz: hû is þät geworden, þät etc. 643, oder auf einen indirekten Fragesatz: þâ þäs fricggan ongan folces aldor, wære þær etc. 157.

d. sê erscheint adjektivisch bei einem Substantiv. Da das Pronomen sê sêo þät auch zum Artikel abgeschwächt wird, so unterscheidet es sich von diesem im attributiven Gebrauch nur durch die nachdrücklichere vollere Betonung; seine demonstrative Kraft ist oft ebenso stark wie die von þes, mit dem es auch abwechselnd vorkommt 162. 165. In der Elene scheint es mir an folgenden Stellen als eigentliches Demonstrativ zu stehen: on þâm frêcnan fære 93. þurh þâ fägeran gesyhð 98. u. so auch 100. 107. 127. 133. 165. 168. 214. 220. 265. 272. 401. 515. 566. 580. 599. 635. 675. 689. 790. 791. 794. 921. 927. 990. 1144. 1153. 1192. 1194; eine sehr stark hinweisende Kraft hat es, wo es gleich dem lat. hic auf unmittelbar Folgendes hindeutet: be þâm Moyses sang ond *þät* word gecwäð: 337. 344. 440. 939. 1072; in dieser Bedeutung wird es auch durch þes ersetzt 749. Vgl. unten.

2. Sê sêo þät weist auch auf einen entfernteren Gegenstand hin; in dieser Bedeutung erscheint es nur adjektivisch in der Elene: oð þät æfen forð 139. ät þâm dägweorce 146. þurh þät äðele späld 300; so ferner 428. 429. 442. 783. 787. 803. 841. 985. 1009. 1223. 1241. 1252. 1254. 1255. 1257; durch sê wird Entferneres einem durch þes als vorliegend bezeichneten Gegenstande gegenübergestellt: wê *þäs* hereweorces, hlæfdige mín, for nýdþearfe neah myndgjaþ ond *þâ* wîgþræce on gewritu setton, ond *þis* næfre gehýrdon 656 ff.

Anm. Der Instrumentalis þý, þê wird als Maſsangabe vor Komparativen = „desto" verwendet; þý 96. 797, þê 97. 746. 946, þý lœs „damit nicht" 430; mid þý „damit" 1178 (Pronominaladverb); andere adverbiale von diesem Demonstrativ gebildete Ausdrücke sind: tô þân 703, tô þäs 704 = „so sehr", þäs so „sehr" 704. þäs dient als kausale Konjunktion zur Koordination zweier Sätze 210. 768 = „deshalb", und zur Unterordnung = „weil" 812. 823. 963; verbunden mit þe wird es temporale Konjunktion þäs þe = „seitdem", nachdem 4. 68. und kausale Konjunktion 957. 1140. 1317.

II. Das Demonstrativ þes, þêos þis wird, wie das erste, gebraucht in Beziehung auf den unmittelbar vorliegenden, auf den genannten und auf den noch zu bestimmenden Gegenstand. Die deiktische Kraft desselben ist stärker als die von sê. Es steht

a. substantivisch allein: þe þis his bêacen wäs 162. þis is singal sacu 906. hwät is þis, lâ, manna 903. þis bið beorna gehwâm unoferswiðed wæpen ät wigge 1187. gif þis yppe bið 435. wê þis næfre gehýrdon 659.

b. adjektivisch: is þes heft tô ðan strang and þes þroht tô ðäs heard 703. þêos þêod 468. þêos world 1277. 533. 551. 647. þysum lêase 576. on þysse folcscere 402. 539. 643. ôð þysne däg 312. þis andwearde rice 630. mid þýs bêacne 92. þäs word cweðaþ 749. þäs näglas 1174. þyssa þrêora 858. of ðyssum earfeðum 700.

III. Ile „derselbe" wird nur in Verbindung mit dem bestimmten Artikel schwach flektierend gebraucht, und zwar einmal alleinstehend neutral: swâ þät ilce mîn yldra fäder sägde 436, und ein anderes Mal adjektivisch: þurh þâ ilcan gesceaft 183.

IV. Þyslic „solch" kommt substantivisch: næfre wê hýrdon häleð ænigne þyslic cýðan 538, und adjektivisch: for þyslicne þreat 546 vor.

V. Swylc „solch" findet sich in der Elene einmal substantivisch als Neutrum gebraucht: hêo ôwiht swylces nê ær nê sið æfre hýrdon 571.

VI. Sylf „selbst" (über seine Verwendung anstatt eines Reflexivpronomens vgl. § 2) wird in Verbindung mit einem Pronomen, Numerale oder Substantiv gebraucht.

a. In Verbindung mit andern Pronominibus erscheint es
α) beim Personalpronomen (über seine Verbdg. mit diesem in reflexivem Sinne vgl. § 2): ic hafu seolf gecnâwen 808. nû wê seolfe gesêod sigores tâcen 1121. þeah ic ær mid dysige þurhdrifen wære and ðät sôð tô lâte seolf gecnêowe 707 ff. þû sylf sitest 732. þurh þa ilcan gesceaft, þe him geýwed wearð sylfum 183. (hio) hine seolfne sundor âcîgde 603. him gemetgaþ eall eldes lêoma, swâ him êðost bið, sylfum gesêftost 1293.

β) beim Possessivpronomen: hiere selfre suna sende gife unscynde 1200. ðäs willgifan, hiere sylfre suna 222.

γ) beim Demonstrativpronomen: þone sylf ne mäg man áspyrigean (die Flexion ist hier bei sylf abgestoßen) 466.

δ) beim Relativpronomen: gê tô dêaþe þone dêman ongunnon, sê ðe of dêaðe sylf worn âwehte 302.

b. Von der Verbindung des sylf mit einem Zahlwort zeigt Elene nur ein Beispiel: he wäs þridda sylf 855.

c. Häufiger ist die Verbindung mit dem Substantiv: ðonne dryhten sylf dôm gesêceð 1280. ðâ wearð on slæpe sylfum ätýwed þâm câsere 69 f. sceoldon þâm wiggende wilspella mæst scolfum gesecgan 984. hîe god sylfne âhêngon 208.

§ 5. Das Relativpronomen.

Das Ags. besitzt kein eigenes Relativpronomen. Zum Ersatze dient entweder das einfache Demonstrativpronomen sê sêo þät, oder die Partikel þe, sei es allein oder in Verbindung mit jenem.

1. Das Demonstrativ sê sêo þät dient zum Ausdruck der Rückbeziehung allein; es bezieht sich auf ein Substantiv oder auf ein Pronomen: þâra on hâde sint syx genemned, þâ ymbsealde synt mid syxum êac fiðrum 740. þâ þät gehýrde, sio þær hâleðum scêad 709. be þâm sigebêame, on þâm þrôwode þêoda waldend 420. Die Stellen, an denen überhaupt das Demonstrativ als Relativ in der Elene vorkommt, sind: 154. 172. 243. 317. 354. 398. 421. 423. 444. 545. 568. 570. 632. 640. 661 709. 742. 792. 827. 909. 928. 934. 987. 1076. 1092. 1122? 1141. 1196. 1224. 1235. 1251. 1310.

2. Die indeklinable Relativpartikel þe bezieht sich auf Personen und Sachen; das Beziehungswort geht meist unmittelbar

der Relativpartikel voran: wære þær ænig yldra odda gingra, þe him seogan meahte 159. on þäs andwlitan, þe eow eagena leoht gefremede 298. þa weregan neat, þe man daga gehwâm drîfeð 357. Die Partikel þe erscheint an folgenden Stellen allein als Relativpronomen: 160. 162. 163. 183. 295. 298. 319. 358. 360. 402. 410. 415. 416. 453. 468. 508. 577. 602. 611. 625. 637. 726. 734. 744. 755. 774. 818. 903. 966. 971. 975. 995. 1014. 1065. 1138. 1211. 1233. 1278. 1288.

3. Das Demonstrativ sé seo þät mit folgendem þe dient als Relativpronomen. Die Beziehung findet statt auf alle Wortarten: ge to deaþe þone deman ongunnon, se ðe of deaðe sylf worn awehte 302. weras, þa þe eowre æ on ferhðsefan fyrmest häbben 315 u. s. f. Dieses Relativpronomen findet sich an folgenden Stellen der Elene: 280. 283. 303. 315. 327. 373. 380. 407. 897. 913. 945. 1020. 1044. 1080. 1126. 1184.

4. Anhang (die Konstruktion des Relativsatzes betreffend).

a. Das Demonstrativ, welches Beziehungswort des Relativs sein sollte, fehlt oft, vgl. § 4 l. b. β); hier noch einige Beispiele: findaþ gên, þa þe fyrngewritu selest cunnen 372. heht þa tosomne, þa heo seleste wiste 1202. swâ þeos world call gewiteð, and eac swâ some, þe hire on wurdon atydrede, tionleg nimeð 1277. wolde ic, þät ðú funde, þa þe in foldan dierne sindon 1080; vgl. noch 568. 640. 641. 709.

b. In Beziehung auf ein Pronomen der 1. u. 2. P. wird einfaches þe als Relativ gebraucht, ohne Wiederholung des Pronomens; das Prädikat des Relativsatzes richtet sich nach dem Pronomen, auf welches die Beziehung stattfindet: gif ge þysum lease leng gefylgað mid facne gefice, þe me fore standaþ 576.

c. Das Personalpronomen in Verbindung mit der Partikel þe wird zum Relativ: dryhten hælend, þú þe ahst doma geweald 726; im weiteren Verlauf dieser Stelle bleibt die Relativpartikel in den jenem ersten koordinierten Sätzen bei dem persönlichen Fürwort aus, und dieses dient allein zugleich als Relativ: and *þu* geworhtest þurh þines wuldres miht heofon and eorðan, *and þu* amæte mundum þinum ealne ymbhwyrft and uprador, *and þu* sylf sitest, sigora waldend, ofer þam æðelestan engelcynne 727 ff.; ebenso ic awecce wið ðe oðerne cyning, se ehteð þin, and *he* forlæteð lâre þine 927. hu mäg þæm geweorðan, þe on wêstenne môðe and meteleâs môrland trydeð, hungre gehäfted, and *him* hlâf and stân on gesihðe bú samod geweorðað 611; im letzten Beispiele steht das zum Relativ gewordene persönliche Fürwort sogar in einem andern Kasus, als das vorhergehende þe.

d. Da am Relativ þe kein Kasus erkennbar ist, so geschieht die Bezeichnung desselben wohl durch Hinzufügung des Kasus des Pronomens der 3. P.; dafür bietet Elene ein Beispiel: se god, *þe* þis *his* bêacen wäs (þe his = dessen) 161.

e. In mehreren aufeinander folgenden koordinierten Relativsätzen findet eine Wiederholung des Relativs nicht statt: heht þâ wigena weard þâ wisestan snûde tô sionode, þâ þe snyttrocräft gefrigen häfdon, hêoldon higeþancum häleða rædas 153. hwät is þis, lâ, manna, þe minne eft turh fyrngeflit folgaþ wyrdeð, iceð ealdne nîð, ähta strûdeð? 903. 298.

f. Zwei Fälle einer Attraktion des Relativs an den Kasus des Beziehungswortes finden sich in der Elene: bið þät bêacen gode hâlig nemned, and sê hwäteadig, wîgge weorðod, sê þät wiegbyrð 1194 (= sê . . þone). noldon hire andsware ænige secgan, þäs hêo him tô sôhte 566 (= þäs, þät hêo sôhte; sêcan mit dem Akkusativ 322).

II. Swylc „ein solcher wie", wird als Relativ ohne Zusatz der Relativpartikel verwendet: lungre scynde beaduþrêata mæst, swylce Hûna cyning meahte âbannan 30.

III. Endlich tritt das Adverb swâ als Relativ in Beziehung auf ein Substantiv auf: alra tâcna gehwylc, swâ Trôjâna þurh gefeoht fremedon 645.

Über den Modus in Relativsätzen vgl. 3. Teil, Kap. II. § 2. III.

§ 6. Das Interrogativpronomen.

Die Interrogativpronomina der Elene sind hwâ und hwylc.

I. Von dem Interrogativ hwâ begegnet nur das Neutrum hwät, als Einleitung direkter wie indirekter Fragen.

1. Es wird substantivisch mit einem partitiven Genetiv gebraucht: nû gê geare cunnon, hwät êow þäs on sefan sêlest þince tô gecýðanne 531. 1164. cýð ricene nû, hwät ðû þäs tô þinge þafjan wille 607. 1159. nê wê geare cunnon, þurh hwät

þù ðus hearde, hlæfdige, ùs corre wurde 399. gê þät geare cunnon èdre gereccan, hwät þær callra wäs on manrìme morðorslehtes 648. Anm. Das im Hauptsatze des letzten Beispieles stehende þät deutet auf die Frage hin; der Übergang von hwät in die relative Bedeutung liegt nahe, findet aber erst im Nags. statt; vgl. Koch, Hist. Gramm. 2. Aufl. II. § 357.

2. Hwät erscheint als prädikative Bestimmung in der Bedeutung „was für ein": hwät se god wære, þe 161. sòhton scaroþancum, hwät sio syn wære 414. hwät is þis, lâ, manna? 903.

Anm. Zu hwät gehören noch die Ausdrücke tô hwan „wozu" 1158 und hû, der zum Adverb gewordene Instrumentalis, „wie".

II. Hwyle fragt aus einer bestimmten Anzahl gewisser Individuen heraus; es kommt in der Elene dreimal alleinstehend, zweimal mit folgendem Genetiv vor: þà frignan ongan, on hwylcum þâra béama bearn wealdendes haugen wære 850. saga, gif ðù cunne, on hwylcne þyssa þréora þéoden engla geþrôwode 857. ne meahte hire Jûdas sweotole gecŷðan be þâm sigebéame, on hwylcne se hælend âhafen wære 860. — Über den Modus des indirekten Fragesatzes vgl. 3. Teil, Kap. II. § 2. II.

§ 7. Die Pronomina indefinita.

Von unbestimmten Fürwörtern, welche immer **substantivischen** Charakter tragen, kommen in der Elene vor: man, ôwiht, wiht, æghwâ, gehwâ, gehwäðer. Von solchen, welche ursprünglich **adjektivischer** Natur sind, jedoch auch als Substantive verwendet werden, finden sich: ân, sum, ænig, nænig, ôðer, maneg, mycel, feala, fêa, eall, æle, æghwyle; gehwyle, nâthwyle. Die Substantivierung der letzteren dient im allgemeinen nur zur Bezeichnung von Personen; zu unterscheiden von der Substantivierung ist ihre Verwendung, wenn sie alleinstehen, aber auf einen bereits genannten Gegenstand zurückdeuten, der sog. absolute Gebrauch.

I. Die substantivischen Indefinita.

1. man „man", wird zur Bezeichnung einer unbestimmten Persönlichkeit gebraucht: þà wêregan néat, þe man daga gehwâm drîfeð 357. 710. 754.

2. wiht, ôwiht „etwas, irgend etwas", bezeichnet die unbestimmte Quantität einer Sache: ic þà stôwe ne can nê þäs wanges

wiht nè þâ wisan can 684. cwædon, þät hêo on aldre ôwiht swylces nè ær nè sið æfre hýrdon 571.

3. æghwâ „jeder": feoh æghwâm bið læne under lyfte 1270.

4. gehwâ „jeder", mit folgendem Genetiv: daga gehwâm 358. sê is niða gehwâm unâsecgendlic 465. on healfa gehwäne 548. hêo worda gehwäs wiðersâc fremedon 569. in ceastra gehwære 973. beorna gehwâm 1187. þâra manna gehwâm 1229.

5. gehwäðer „jeder von beiden": him wäs geômor sefa, hât æt heortan and gehwäðres wâ 628. gode þancode, þäs hire se willa gelamp bega gehwäðres 964; die Bedeutung des Pronomens ist in der letzten Stelle durch Zusatz von bega noch verstärkt.

II. Die adjektivischen Indefinita.

1. ân „einer, jemand", mufs als unbestimmtes Fürwort betrachtet werden, wo es nicht die Natur des Zahlwortes hat, d. h. wo nicht der Gegensatz zur Mehrheit hervortritt. Es erscheint in der Elene immer substantiviert zur Bezeichnung einer einzelnen nicht näher bestimmten Person: þâ þær for eorlum ân reordode gidda gearosnotor 417. þær þâ ænne betæhton giddum gearusnottorne 585. — Vgl. das Zahlwort Kap. IV. § 1.

2. sum „ein, irgend ein", ein Ding als nicht näher bekannt oder bestimmt bezeichnend, wird verwendet: a) adjektivisch: þêah hê sume hwîle on galgan his gâst onsende 479. b) substantiviert im Plural von Personen in der Gegenüberstellung: sume... sume „die einen... die andern": sume wîg fornam, sume unsofte aldor generedon, sume healfcwice flugon on fästen, sume drenc fornam 131 ff. weras þeahtedon on healfa gehwæne, sume hyder, sume þyder 547.

3. ænig „irgend ein", kommt in negativen Sätzen und in einer Frage, deren Inhalt zweifelhaft erscheint, vor: a) adjektivisch: næfre wê hýrdon hæleð ænigne þyslîc cýðan 538. noldon hire andsware ænige secgan 567. wê þis næfre þurh æniges mannes mûð gehýrdon hæledum cýðan 659; b) substantiviert zur Bezeichnung von Personen: hio him andsware ænige ne meahton âgifan tôgênes 166. ne môt ænige nû rihte spôwan 916. wære þær ænig yldra odde gingra, þe etc. 159.

4. nænig „kein", findet sich in der Elene nur einmal adjektivisch: him nænig wäs ælærendra ôðer betera 505.

5. ôðer „ander", ist die ursprüngliche Ordinalzahl für die Zweiheit; es steht a) adjektivisch bei einem Substantiv: næfre wê hýrdon þegn ôðerne þyslic cýðan 540. 928; b) allein in Rückbeziehung auf einen Substantivbegriff: stundum wræcon ofer mearcpaðu, mägen äfter ôðrum 232. 505.

6. maneg „manch", schliefst sich a) einem Substantiv an: ðær wäs on eorle êðgesýne grimhelm manig 258. þær wlanc manig ät wendelsæ on stäðe stôdon 231. 1016; b) es wird in der Mehrzahl substantiviert von Personen gebraucht: hê þurh feondscipe tô cwale monige Cristes folces dêmde tô dêaþe 499. 970. 1176.

7. mycel „viel" und „grofs", ist im Sgl. und Pl. adjektivisch im Gebrauche: nû is þearf mycel 426. 597. 646. ôfstum myclum 44. 102. Als Komparativ gehört hierzu mâ, eine Kürzung der Form mâra, welches in der Elene substantivisch im Plural = plures vorkommt: is nû worn sceacen, CC. oððe mâ 633.

Der Superlativ mæst „meist und gröfst", wird adjektivisch: þâ ðe leornungcrseft mæste haefdon 381. 407, und absolut auf einen Substantivbegriff deutend gebraucht: beaduþreata 31. Vgl. die andern Stellen Kap. II. § 1.

8. feala, „viel", ist ein Plural, es steht verbunden mit dem Genetiv eines Substantivs: ic feala for him wundra gefremede 362. næfre hê sôðra swâ feala wundra gefremede 778. 912. 945. 987. 1044.

9. fêa „wenig", verbindet sich a) mit dem Substantiv: minra gylta, þâra þe ic gefremede nalles fêam siðum 818; b) es wird substantiviert in Bezug auf Personen, þeah hira fêa wæron 174.

10. eall „ganz, all". a) In Verbindung mit Substantiven α. im Singular drückt es aufser der Vorstellung der einheitlich gefafsten Gesamtheit der Teile eines Gegenstandes: sôð cyning, callre sybbe bearn 444, ealles leohtes leoht 486. þû geworhtest heofon and corðan samod ealle gesceaft ond þû âmæte mundum þinum ealne ymbhwyrft and uprador 727. 754. swâ þeos world call gewiteð 1277, auch noch die der Vereinzelung der Teile eines Ganzen (= jeder) aus: (hê) is in witum fäst, calre syune fruma 771; β. im Plural fafst es die einzelnen Individuen zur Allheit zusammen: dryhten calra häleða cynnes 187. þeoda waldend, eallra gnyrna leas 422. 483. 519. 645. 769. 816. 894. 1088. 1101. 1220. 1285. b) Substantiviert wird eall α. in der

Einzahl als Neutrum gebraucht: þâ þät ôfstlice eall gelæste Elene for eorlum 1197. se rîcesða ealles oferwealdend 1236. 512; β. in der Mehrzahl zur Bezeichnung von Personen: (sio cwên) wlât ofer ealle 385. hlâford eallra, engla and elda 475. 371. 1118. (Über das Adv. call = ganz, durchaus, vgl. Kap. VI. § 2. II. b.)

11. ælc „jeder", wird einmal in Rückbeziehung auf ein Substantiv im Genetiv gebraucht: swâ bið þâra manna ælc âscyred and âsceâden scylda gehwylcre 1312.

12. æghwylc „jeder", ebenso wie ælc: sceal æghwylc ðær reordberendra riht gehŷran 1281.

13. gehwylc „jeder", steht a) in Verbindung mit dem Substantiv: riht dæda gehwylcra 1282; b) in Rückbeziehung auf ein Substantiv: gumena gehwylcum 278, andsware tâcna gehwylces 319. 645. 1156. 423. 910. 1310. fêonda gehwylcne 1179. þinga gehwylc 409. 1317. âsceâden scylda gehwylcre 1313. ânra gehwylc 1287; c) allein substantivisch: hio forlêt sêcan gehwylcne âgenne eard 598.

14. nâthwylc „ich weifs nicht welcher, irgend ein", mit Rückbeziehung auf ein Substantiv gebraucht: þûhte him wlitescŷne on weres hâde hwit and hîwbeorht hæleða nâthwylc gefŷwed 72.

Kapitel IV.
Syntax des Numerale.

§ 1. Die Kardinalzahlen.

Die Grundzahlen, mit Ausnahme von hund und þûsend sind ursprünglich adjektivischer Natur, sie werden jedoch auch absolut und mit Ellipse eines Substantivs gebraucht.

1. ân erscheint als Zahlwort in der Elene substantiviert: (hio) þone ænne geuam, Jûdas tô gisle 599; ebenso in dem Ausdrucke ânra gehwylc 1287 (jeder einzelne): wo die Vorstellung der Einheit im Gegensatz zur Mehrheit nicht hervortritt, wird ân nicht verwendet, vgl. Kap. I. § 3. II.

2. twegen twâ tû steht a) adjektivisch: on twâ healfe 1180. þâm twâm dælum 1306. tû hund 2; b) mit einem Genetiv: ûp âhôf rihtes rênjend þâra rôda twâ 880. on twâ healfa 955; c) substantiviert von Personen: twegen mid him geþrôwedon 854,

und neutral: þê synt tû gearu 605. Ebenso wird begen bâ bû gebraucht a) als Adjektiv: mid bǽm handum 805; b) substantiviert von Personen: þät hio cirican begra rǽdum getimbrede 1008, und als neutrales Substantiv: him hlâf and stân on gesihðe bû samod geweorðað 614. hê sôna arâs gâste gegearwad, geador bû samod lîc and sâwl 889. þonne hê bega beneah 618. se willa bega gehwæðres 964.

3. (þri) þrêo ist a) Adjektiv: þrêo niht siððan in byrgenne bidende wäs 483. âsetton þâ on gesyhðe sigebêamas III. 847. þrêo M. þǽra lêoda 285. ymb þâ rôda þrêo 869. 833; b) absolut: tû hund and þrêo ... wintra 2; c) substantiviert: on hwylcre þyssa þrêora þêoden engla geþrôwode 858; bei dem Verbalbegriffe „teilen in" ist im präpositionalen Gliede das Substantiv „Teile" ausgelassen: þonne on þrêo dæleð in fŷres feng folc ânra gehwylc 1286.

4. fêower kommt substantiviert auf Personen deutend vor: þâra sint 1111, þe etc. 744.

5. syx wird a) mit einem Substantiv verbunden: mid syxum êac fiðrum 742. bûtan VI. nihtum 1228; b) alleinstehend von Personen gebraucht: þâra on hâde sint in sindrêame syx genemned 740.

6. seofon ist Adjektiv: VII. nihta fyrst 694.

7. twentig kommt als Adjektiv vor: on XX. fôtmǽlum 830.

8. þrittig steht in Verbindung mit andern Zahlen mit folgendem Genetiv, vgl. die Stelle Nr. 9.

9. hund und þûsend erscheinen immer als indeklinable neutrale Substantive: þâ wäs âgangen tû hund ond þrêo swylce XXX. êac wintra 1. fundon þâ D. forðsnotterra âlesen lêodmǽga 379. is nû worn sceacen, CC. oððe mâ 634. (sc. wintra) þær on rime wäs þrêo M. þǽra lêoda 284. þâ on þrêate M. manna fundon ferhðglêawra 326.

10. Bei zusammengesetzten Grundzahlen im additionellen Verhältnisse folgt die kleinere Zahl der gröfsern mit ond: tû hund ond þrêo 2; im multiplikativen steht der Multiplikator vor dem Multiplikanden: tû hund 2. þrêo M. 285.

§ 2. Die Ordinalzahlen.

Die Ordnungszahl ist ein Adjektiv; sie erscheint auch alleinstehend mit Ellipse eines Substantivs, welches sich leicht aus dem Zusammenhange ergänzt: þá sio þridde (sc. ród) wäs áhafen hálig 884, und substantiviert von einer Person: hê wäs þridda sylf 855. Die in der Elene begegnenden Ordnungszahlen sind: þridda: ðý þriddan däge 185. 485. bið se þridda dǽl in þäs wylmes grund 1298. 855 und 884 s. o., syxta: þá wäs syxte geár 7, seofeða: on þone seofeðan däg 697, nigoða: óð þá nigoðan tíd 870. wäs þá nigoðe tíd 874.

§ 3. Die übrigen Klassen der Zahlwörter.

1. Die Bruchzahl wird durch Verbindung der Ordnungszahl mit dem Substantiv dǽl ausgedrückt: se þridda dǽl 1298.

2. Von Vervielfältigungszahlen, welche im Ags. durch das an die Grundzahlen angehängte feald gebildet werden, begegnet in der Elene monigfeald als substantiviertes Neutrum: gé swá monigfeald on gemýnd witon 644.

3. Zahladverbien der Wiederholung werden durch Hinzufügung des Substantivs sið (Gang, Weg) im Dativ zur Grundzahl gebildet; diese Bildung zeigt sich in der Elene nur mit dem indefiniten Pronomen féa: minra gylta, þára þe ic gefremede nalles féam siðum 818.

4. Zusatz über Zeitangaben.

Das Substantiv tíd mit der Ordnungszahl bezeichnet die Stunde: óð þá nigoðan tíd 870. 874; „Tag", wo nicht ein Gegensatz zu „Nacht" besteht, wird durch niht, Jahr, neben geár, durch winter ausgedrückt, wie auch sonst im Ags.; die gemeinten Zeiträume werden also nach dem weniger guten Teile des Ganzen benannt: þréo niht siddan in byrgenne bidende wäs 483. siomode in sorgum VII. nihta fyrst 694. wäs þá lencten ágán bútan VI. nihtum ǽr sumeres cyme 1227; þá wäs ágangen tú hund and þréo swylce XXX. éac wintra for worulde 1. wintra gangum 633. þá wintergerim 654. Auf die Frage wann? steht die Präposition on oder der Instrumentalis, s. § 2 die Beisp.

Kapitel V.
Syntax des Verbums.

§ 1. Arten des Verbums und Vertauschung derselben.

Die Verba werden eingeteilt in Begriffsverba und sogenannte Hülfsverba. Die Begriffsverben zerfallen wieder nach der Art der Bezugnahme der in ihnen ausgedrückten Thätigkeit in zwei Klassen, transitive und intransitive Verba.

I. 1. Transitive Verben. Eine Liste der transitiven Zeitwörter, welche in der Elene vorkommen, wird im 2. Teil, Kap. I. § 3 gegeben werden.

Eine besondere Art der transitiven sind die reflexiven Verba. Das transitive Verb wird reflexiv, wenn es sein Subjekt zum Objekte hat, vgl. oben Kap. III. § 2 die in der Elene vorkommenden Fälle. Mehrere objektive Verben ohne Reflexivpronomen entsprechen deutschen reflexiven Verben: brúcan sich erfreuen 1251. 1315. 1320, geféon sich freuen 110. 174. 247. 849. 991. 1116, myndgjan sich erinnern 657.

2. Intransitive Zeitwörter. Die in der Elene vorkommenden intransitiven Verben sind: âgân, âgangan 1. 1227. ârîsan 187. 486. 803. 888. âstîgan 188. 795. 900. 1273. âweaxan 1226. becuman 142. beofjan (beben) 759. beséon 83. bîdan (weilen) 329. 484. 1093. clynjan erklingen 51. côljan (kalt sein) 883. cuman 150. 274. 279. 549. 871. 908. 1110. 1123. 1205. 1214. 1303. cwacjan (zittern) 758. drúsjan (träge sein) 1258. dynjan (lärmen) 50. eðigean (wogen?) 1107. faran 21. 27. 35. 51. 261. 734. 1274. feallan 127. 1134. féran 215. fléogan (fliegen) 140. flêon (fliehen) 127. 134. fýsan (eilen) 226. 981. gielan (säumen) 692. 1001. gangan 313. 372. 406. gebîdan 865. gefaran (dahin fahren, sterben) 872. gefeallan 651. geféran 736. 993. gelêodan (wachsen) 1227. gelimpan 271. 963. 1155. gerestan 1083. gesweorcan (dunkel werden) 856. gewadan 1190. geweorðan (s. unten Hülfszeitw.). gewîtan 94. 148. 636. 1268. 1272. 1277. gringan (fallen) 126. hlihan (lachen) 995. hlôwan (brüllen) 54. hrôpan 54. 550. lácan 580. 900. 1111. libban 311. lixan (leuchten) 23. 90. 125. 1116. lôcjan 87. onbregdan 75. plegan 245. plegjan 806. rêotan 1083. ricsjan 434.

774. rîdan 50. sceacan 633. scínan 743. 1115. 1319. scríðan 237. scyndan 30. siðjan 95. siomjan 694. sittan 732. sméan 413. snyrgan 244. sorgjan 1082. spéowan 297. sprecan 332. 404. 725. standan 113. 227. 332. 577. steppan 121. 716. swâmjan 629 (?). swefan 70. swinsjan 240. tôglidan 78. 1269. wadan 246. wæðan 1274. weallan 938. weaxan 12. 547. 914. wêdan 1274. weorðan (s. u.). wicjan 38. 65. winnan 1181. wlîtan 385. wreccan 121. 232. wundrjan 959. wunigan 624. 724. 821. 908. 950. 1028. þeahtjan 547. þencan 549. þrægan 1263. þringan 123. 329.

Die angegebenen Arten der Zeitwörter können in einander übergehen oder ihre Funktionen mit einander vertauschen.

a. Das transitive Aktiv wird intransitiv, wo ihm kein äufseres Objekt gegeben wird, obwohl dieses selbstverständlich der Thätigkeit nicht fehlen kann. Folgende transitive Verben kommen so ohne Objekt an den angegebenen Stellen vor: âdrêogan 705. 1291. âreccan 635. andswerjan 396. brecan (= mit Macht dahin fahren) 243. byldan (ermutigen) 1039. dôn 541. galan (singen) 52. gecýðan 446. geeínan 1015. gefullæstan 1151. gesecgan 168. gnornjan (betrauern) 1260. helan 706. hlôwan (blasen). 54. hrópan (rufen) 54. 550. lufjan (lieben) 597. lesan 1238. rædan 1023. séon 1105. singan 109. 337. 561. 1189. secgan 665. þingjan 609. þreodjan (þrydjan) 549. 1239. þrówjan 421.

Ein Verbum, welches mit einem andern zeugmatisch verbunden ist, wie nemnan in folgendem Beispiele: him se âr wið þingode and be naman nemde 78, kann nicht hierher gerechnet werden.

b. Das transitive Aktiv wird intransitiv, wo die Thätigkeit kein anderes Objekt als das Subjekt selbst haben könnte: cirran wenden: symle cirde tô him æhte mine 915 — sich wenden: nû on lige cirrest 666. dælan sich teilen: þonne on þréo dæleð in fýres feng folc ânra gehwylc 1286. fäðman umfassen, sich ausdehnen: swâ brimo fäðmað 972. gemetgjan, mäfsigen, sich mäfsigen: him gemetgjaþ call eldes lcoma 1293. gesittan sich hinsetzen: gesæton sigeròfe 868. gewendan wenden 1047 — sich wenden: þät hê gewende tô wædle 617. gehweorfan sich wenden: ðâ wäs geblissod, sê ðe tô bôte gehwearf 1126. oðýwan sich zeigen: se god, þe mē swâ léoht ôðẏwde 163. samnjan sich sammeln: mǣgen samnode câfe tô cêase 55. 19. 59.

Mit Rücksicht auf das Subjekt des Satzes unterscheidet man persönliche und unpersönliche Verben.

1. Persönliche Verba sind solche, welche auf eine bestimmte Person oder Sache als ihr Subjekt bezogen werden.

2. Unpersönliche nennt man diejenigen, welche keinen bestimmten Gegenstand zum Subjekte haben. Ihr der Vorstellung nicht entschieden vorschwebendes Subjekt wird entweder durch das Neutrum hit oder þät angedeutet, oder gar nicht bezeichnet (vgl. oben Kap. III. § 1). Im engsten Sinne unpersönlich sind die Verba, welche nur ohne bestimmt vorgestelltes Subjekt vorkommen können. In der Elene sind dies: âþreotan verdriefsen 368. þincan, þyncan gut dünken, scheinen 72. 532. 541. 1165.

II. Hülfsverben.

Die Hülfsverben haben zum Teil ihre begriffliche Bedeutung bewahrt.

1. wesan, bêon „sein". a. Als verbum substantivum in der Bedeutung „da sein", „sich befinden" kommt wesan (bêon) in der Elene öfter vor: werod wäs on tyhte 53. þær wäs borda gebrec 114. hwær sêo stôw sie 676. 138. 159. 194. 636. 744. 754.
b. Als Hülfszeitwort dient es dazu, das Prädikatsnomen auf das Subjekt zu beziehen, und zwar: α) das Prädikatssubstantiv: hê wäs riht cyning 13 u. s. f. vgl. 2. T. Kap. I. § 5. β) das Prädikatsadjektiv: þær bið â gearu wraðu wanhâlum 1029. feoh æghwäm bið lǣne 1270 u. s. f. vgl. ibd. γ) das prädikative Particip des Präsens: (rodera wealdend) in byrgenne bidende wäs 483. cên drûsende wäs 1258, vgl. § 2. 1. δ) das Particip des Perfekt intransitiver und passiver Verben: nû synt geârdagas forð gewitene, lifwynne geliden, flôdas gefẏsde 1267. nû is in lêoht cymen, onwrigen wyrda bigang 1123; vgl. Genus- und Tempusbildung §§ 2 u. 3 und 2. Teil. Kap. I. § 5.

2. weorðan. a. Als Begriffswort hat es die Bedeutung „werden", „gereichen": hê manegum wearð mannum tô hrôðer ,15. (501?). ðâ wurdon hie dêaðes on wênan 584; öfter noch begegnet als Begriffswort geweorðan, „geschehen": hû wolde þät geweorðan, þät 456. hû mäg þæm geweorðan, þe 611. þät swâ fyrn gewearð 632. 641. 643. 993. „kommen": þâra, þe gewurdon

on widan feore ofer sidne grund 1288. 613. b. weorðan wird kopulativ verwendet: α) um das Prädikatssubstantiv mit dem Subjekte zu verbinden: þät wê ðäs morðres meldan ne weorðen 428. 575; vgl. 2. Teil. Kap. I. § 5; β) das Adjektiv: Elene ne wolde þäs siðfates sæne weorðan 219. þær wearð Hûna cyme cûð ceasterwarum 41. 401. 1036. 1042. 1049. 1077. vgl. a. a. O; γ) das Particip des Präsens; vgl. § 2. I; δ) das Particip des Perfekt; vgl. a. a. O. geweorðan kommt an drei Stellen als Kopula vor: ic þurh Jûdas ær hyhtful gewearð 923. cûþ þät gewyrðeð, þät 1192 und 1275.

3. habban bezeichnet a. als Begriffsverb „haben, besitzen": hie werod læsse häfdon tô hilde 49. 63. hê hafað wigges lêan 825. 316. 381. 408. 594. 621. 1253; b. als Hülfswerb dient habban zur Bildung des Perfekts und des Plusquamperfekts des Aktivs, vgl. § 3.

4. magan,[1]) dessen begriffliche Bedeutung „stark sein" in der Elene nicht vorkommt, drückt als Hülfsverb a. die physische Möglichkeit aus: lungre scynde beadnþrêata mæst, swylce Hûna cyning ymbsittendra meahte âbannan burgwigendra 33. ne meahton him swâ disige dêað ôðfästan 477. nû ic hit leng ne mäg helan 702. 160. 166. 582. 583. 609. 632. 635. 705. 735. 770. 860. 1291; b. die logische Möglichkeit: þær meahte gesion, sê ðone sið behêold, brecan etc. 243. þone sylf ne mäg man âspyrigean 466. nû þû meaht gehŷran 511. hû mäg þæm geweorðan 611. 582. 588. 677. 979. c. die Bedeutung von magan schwächt sich ab und geht öfter nicht sehr über die der einfachen Konjunktivform hinaus, wobei die ursprüngliche Bedeutung jedoch mehr oder weniger durchschimmert; so erscheint es in Nebensätzen: georne sôhton þâ wîsestan wordgerŷno, þät hio þære cwêne oncwedan meahton swâ tiles swâ trâges 322. þät ic hie (stôw) mäge geclænsjan 677. þêodcwên ongan sêcan, tô hwan hio þâ næglas sêlost gedôn meahte 1159. þät manigum sceal mære weordan, þonne ät säce mid þŷ oferswiðan *mäge* fêonda gehwylcne 1178.

---

[1]) Ich führe diese Verben in den Infinitiven an, wiewohl ich weifs, dafs nicht alle Infinitive belegt werden können.

5. cunnan bedeutet a. als Begriffsverb kennen, wissen: þeah gë þâ æ cûðon 393. 328. 374. 398. 399. 531. 535. 635. 640. 683. 684. 1163. b. Als Hülfsverb bezeichnet es daher α) ein intellektuelles Können: þâ më sôðlice secgan cunnon 167. 317. 281. 284. 376. 648. 1020. β) ein physisches Können: gên ic findan ne can þurh wrôhtstafas wiðercyr 925. Es erscheint mit magan im selben Satze ohne merkbaren Unterschied der Bedeutung: hio him andsware ænige ne meahton âgifan tôgênes nê ful geare cûðon sweotole gesecggan be þâm sigebêacne 166. Mit Ellipse eines Infinitivs steht es 857: saga, gif ðû cunne.

6. willan tritt in mehrfacher Abstufung des Begriffes auf. Es bezeichnet a. den entschiedenen Ausdruck des Willens: næfre ic þä geþeahte, þe þéos þêod ongan, sêcan wolde 469. ic wât geare, þät hio wile sêcan be ðâm sigebêame 420. so 40. 219. 361. 394. 621. 971; b. es wird abgeschwächt zu der Bedeutung des Wünschens, Beliebens, dessen Verwirklichung erwartet wird: swâ ic þê biddan wille 790. nû ic þê biddan wille 814. ic wolde = ich möchte: wolde ic, þät ðû funde 1080; c. es streift an die Bedeutung eines Futurs: ic êow tô sôðe secgan wille 574; und dient d. zum Ausdrucke eines leichten Zweifels in direkter Frage: hû wolde þät geweorðan on woruldrice þät etc. 456.

7. sculan drückt a. die Nötigung aus: wisdômes beðearf, së ðære æðelan sceal andwyrde âgifan 545. Moyse sägde, hû gë heofoncyninge hýran sceoldon 367. so 210. 580. 673. 687. 756. 764. 982. 1094; mit Ellipse eines Infinitivs: 896. 1192. 838: b. es geht über in die Vorstellung der Erwartung, des Bevorstehens der zukünftigen Handlung, insofern sie nach dem Willen eines andern eintritt, wobei es der Futurbedeutung nahe kommt: þät manigum sceall mære weorðan 1176. cûþ þät gewyrðeð, þät þäs cyninges sceal mearh under môdegum midlum geweordod 1192 (es wechselt hier mit dem Präsens bið 1194). sceal æghwylc ðær reordberendra riht gehýran 1281, so 768. 951. c. es erscheint in der Bedeutung eines Konditionalis: hie wið godes bearne nið âhôfun, swâ hie nô sceoldon, þær hie leahtra fruman lârum ne hýrdon (wie sie nicht würden sc. erhoben haben, wofern sie) 838.

8. þurfan. Als Begriffsverb vertritt es in der Komposition beþurfan die Vorstellung der Unentbehrlichkeit: wisdômes beðearf,

sê etc. 543. Als Hülfsverb bezeichnet es die moralische Möglichkeit: ic þâ rôde ne þearf herigean 919. 940.

9. môtan vertritt a) die moralische, logische und physische Möglichkeit: him wäs lêoht sefa ferhð gefêonde, þät hîe for þâm câsere cŷðan môston godspelles gife 175. môton engla frêan gesêon 1307. 1315. ne bið lang ofer ðät, þät Israhêla äðelu môten mâ riesjan 433. sâwla ne moton in mînum lêng æhtum wunigan 906. ne môt ænige nû rihte spôwan 916. b) Es kommt dem blofsen Ausdrucke des Konjunktivs nahe: heht hê Elenan hæl âbêodan beadurôfre, gif hie brim nesan and gesundne sið settan môsten 1003.

§ 2. Die Genera des Verbums.

Das Genus des Verbs ist ein zweifaches, das Aktivum und das Passivum.¹)

I. Das Aktivum ist die Verbalform, wodurch das grammatische Subjekt als die Thätigkeit ausübend dargestellt wird. In syntaktischer Beziehung ist hier die umschreibende Form des Aktivs zu erörtern, welche durch Verbindung des Particips des Präsens mit einer Form des verbum substantivum gebildet wird. Sie findet sich in der Elene dreimal: (rodera wealdend) þrêo niht siddan in byrgenne bidende wäs 484. him wäs lêoht sefa, ferhð gefêonde 173. â wäs secg öð ðät cnyssed cearwelmum, cên drûsende 1258. Durch die Umschreibung wird der Handlung das Gepräge einer gewissen Beharrlichkeit gegeben.

Nahe verwandt mit dieser ist die Umschreibung durch weorðan mit dem Particip des Präsens; sie drückt die Vollziehung der Handlung aus: þâ ðâm ciningе wearð þurh þâ mæran word môd geblissod, ferhð gefêonde 989.

II. Das Passiv ist diejenige Verbalform, welche das Subjekt als die Thätigkeit erleidend darstellt. Seine ursprünglichen Formen sind verschwunden, und es wird durch Verbindung des Particips des Perfekts mit den Formen der Hülfsverben bêon, wesan und weorðan umschrieben.

---

¹) Ein Medium ist im Ags. nicht mehr vorhanden, es findet seinen Ausdruck durch das Aktiv transitiver oder intransitiver Zeitwörter; vgl. Kap. III. § 2. das Reflexiv, u. § 1. transitive V. in refl. Bedeutung.

1. Das Präsens des Passivs wird in der Elene durch Zusammensetzung des Particips des Perfekts mit dem Präsens von bëon oder wesan umschrieben; das Präsens von weorðan, welches sonst auch dazu gebraucht wird, kommt in der E. nicht vor: þŷ læs tôworpen sien frôd fyrngewritu and þâ läderlîcan lâre forlêten 430. gif ðû frugnen sie 542. swâ smæte gold, þät in wylme bið geclænsod 1310.

2. Das Präteritum entsteht durch Verbindung des Particips des Perfekts mit dem Präteritum von wesan und weorðan.

a. wesan: þät âhangen wäs cyninges frêobearn 671. Stephanus wäs stânum worpod 491. 18. 56. 123. 444. 504. hêo tô salore laðode wæron 382. þâ wæron heardingas sweotole gesamnod 25.

b. weorðan: ic on geogoðe wearð âcenned 638. 4. 7. 69. 102. 178. 775. 804. 989. 1035. 1050. wurdon heardingas wide tôwrecene 130. þe hire on wurdon âtydrede 1278. 975. gé witgena lâre onfêngon, hû se liffruma in cildes hâd cenned wurde 335. hwær þät hâlige trêo beheled wurde 429. 961.

3. Das Perfekt wird bezeichnet dadurch, daſs die Präsensformen des Verbs bêon zum Particip des Perfekts treten. Das Particip erreicht in diesem Falle fast die Bedeutung des Adjektivs, so daſs es eher als eine dem Subjekt anhaftende Bestimmung auftritt, worin der Begriff der vollendeten Thätigkeit dem des daraus hervorgehenden Zustandes weicht, wie denn ja auch öfter ein Particip mit einem Adjektiv zusammen bei derselben Form des Hülfsverbs steht (822. 1080): þâra on hâde sint in sindrêame syx genemned, þâ ymbscalde synt mid syxum éac fiðrum 740. ic þurh Jûdas ær hyhtful gewearð and nû gehŷned eom gôda gêasne þurh Jûdas eft 922. sint in bôcum his wundor, þâ he worhte, on gewritum cŷðed 826. is in witum fäst ealre syne fruma sûsle gebunden 771. 918. 1264. sie þâra manna gehwâm behliden helle duru 1229. wolde ic, þät ðu funde, þâ ðe in foldan gên dêope bedolfen dierne sindon heolstre behŷded 1080.

4. Die Bildung des Plusquamperfekts folgt der des Perfekts: þâ siððan wäs of rôde âhäfen rodera wealdend, þrêo niht etc. 481. wäs him niwe gefêa befolen in fyrhðe 195. heht hire þâ âras gebêodan Constantînus, þät hio cirican þær getimbrede, þær sio

hâlige rôd gemêted wäs 1014. wäs se witedôm beforan sungen. swâ hit elt gelamp 1153. 698. þâ þät gefrugnon, þâ þurh fulwihte lærde wæron, him wäs etc. 172. geômormôde leôdgebyrgean, þâ hie laðod wæron, tô hofe eôdon 555. wæron Rômwara secgas sigerôfe sôna gegearwod 46. ðâ wäs gefrége, þät Cristes rôd fyrn foldan begräfen funden wære 973.

5. Das Futurum wird a) durch das Präsens von bêon mit dem Particip des Perfekts ausgedrückt: eôw âcenned bið cniht on dêgle, swâ þäs môdor ne bið wästmum gêacnod þurh weres frige 339. bið þät béacen gode hâlig nemned and sê hwäteadig. sê etc. 1194. swâ bið þâra manna ælc âscyred and âsceâden scylda gehwylcre 1312. 1298. hie âsodene bêod, âsundrod fram synnum 1308. 1295. 1304. b) Die Umschreibung durch sceal mit dem Infinitiv des Passiv kommt dem Futur nahe: 1192 (vgl. oben § 2. II. 7. b.)

6. Der Infinitiv des Passivs wird durch Verbindung des Infinitivs weorðan mit dem Particip des Perfekts gebildet: ðû hungre scealt cwylmed weorðan 687. 580. 1192.

§ 3. Die Tempora des Verbums.

Die ursprünglich vorhandenen Tempora des Ags. sind das Präsens und das Präteritum; aufser diesen werden noch zusammengesetzte Zeiten im Aktiv und Passiv mittels Hülfszeitwörter gebildet.

I. Gebrauch der im Ags. vorhandenen einfachen Tempora.
1. Das Präsens.

a. Das Präsens bezeichnet eine im Augenblicke des Sprechens sich vollziehende Handlung: ic wât geare, þät hio wile sêcan be ðâm sigebeâme 419. nû is þearf mycel, þät wê fästlice ferhð staðeljen, þät wê ðäs mordres meldan ne weorðen 426. wisdômes beðearf sê etc. 543. þe mê fore standaþ 577 u. s. f.

b. Das Präsens wird auch gebraucht zur Bezeichnung zukünftiger Handlungen. Diese Ausdehnung der Zeitform der Gegenwart auf die Zukunft ist nicht dem Ags. allein, sondern überhaupt den ältern germanischen Mundarten im Haupt- und Nebensatze im Indikativ geläufig. Die Verlegung der der Zukunft angehörenden Handlung in die Gegenwart erklärt sich ja leicht einerseits aus der Lebhaftigkeit der Darstellung, welche während des Sprechens schon vorauseilt und die Handlung sich schon geschehend vorstellt, sowie andrerseits aus der Erwartung des sicheren Eintretens der Handlung.

In der Elene scheint in folgenden Stellen das Präsens in Futurbedeutung zu stehen: þû tô heofenum beseoh, þær ðû wraðe findest 83. mid þŷs béacne ðû féond oferswîðesð, geletest lâð werod (vgl. das lat. Futur: „in hoc signo vinces.") 92. ic eow tô sôðe secgan wille, and þæs in life lige ne wyrðeð, gif gê þissum léase leng gefylgað, þät eow in beorge bæl fornimeð and eower hrâ byttað 574. 595. 796 f. 927 ff. 1182. 1277. 1279. 1280. 1286. 1291. 1293. 1303. 1315. 1319. 1320. Von den Formen des verbum substantivum sind besonders die Formen béon der Futurbedeutung vorbehalten: ne bið lang ofer þät, þät Isrâhêla æðelu môten mâ ricsjan, gif ðis yppe bið 432. þis bið beorna gehwâm unoferswîðed wœpen 1187. 1289. 1294. 1295. 1306. 1316, vgl. die Stellen über das Futur des Passivs § 2 II. 5. a.

Über die Futurbedeutung von sceal s. u.

2. Das Präteritum.

a. Das Präteritum bezeichnet die ausgesagte Thätigkeit als eine schlechthin vergangene, welche nicht auf die Gegenwart des Sprechenden bezogen wird. Es ist die eigentliche historische Zeitform, welche zur Darstellung von Thatsachen der Vergangenheit dient: him wäs hild boden. werod samnodan, fôron fyrdhwate Francan and Hugas 18. u. s. f.

b. Ebenso werden allgemeine Verhältnisse, Zustände, Gewohnheiten, Charaktere, Schilderungen durch diese Zeitform ausgedrückt: hê wäs riht cyning 13. wæron hwate weras 22. gâras lixtan 23. môdsorge wäg Rômwara cyning, rîces ne wênde for werodlêste: häfde wîgena tô lyt 61. u. s. f.

c. Das Präteritum steht auch da gewöhnlich, wo das Neuenglische das Perfekt zu gebrauchen pflegt, nämlich zur Bezeichnung einer vergangenen Thätigkeit, welche auf die Gegenwart Bezug hat, sei es dadurch, dafs die Wirkungen der bezeichneten Handlung in der Gegenwart fortdauern, sei es, dafs die nicht in Beziehung zur Gegenwart stehende Thätigkeit aus der Reihe der Thatsachen herausgehoben in der Gegenwart dargestellt wird. Die Elene bietet für diesen Gebrauch des Präteritums folgende Beispiele: hû mäg ic þät findan, þæt swâ fyrn *geweardð*

wintra gangum? 632. is nû feale siðþan forð gewitenra fródra
and gódra, þe ûs fore wæron glêawra gumena 636. ic on geogoðe
wearð on siðdagum âcenned 638. gê þâ byrgenna under stân-
hleoðum and þâ stôwe swâ some on gewritu setton 652. þû
geworhtest þâ and tô þegnunge þînre gesettest 738. þû mê
þone äðelan beam ryhte getæhtesð 1074. nû þê god sealde sâwle
sigespéd 1171. þus ic fród and fûs wordcräft wäf and wundrum
läs, þragum þreodude and geþanc reodode 1237. Das Präteritum
findet sich so neben der umschriebenen Perfektform: sâwla ne
môton mânfremmende in minum leng æhtum wunigan, nû *cwom*
elþéodig, þone ic ær on firenum fästne talde, *hafað* mec beréa-
fod rihta gehwylces 906.

d. Das Präteritum erscheint in der Bedeutung eines Plus-
quamperfekts zur Bezeichnung der Vollendung einer Thätigkeit
vom Standpunkte der Vergangenheit aus; der Zusammenhang
mufs alsdann eine Erklärung des Zeitverhältnisses ergeben: heht
þâ onlice äðelinga hléo, swâ hê þät beacen *geseah*, þät him on
heofenum ær geicwed *wearð*, tâcen gewyrcan 99. hine mid
ârum up gelæddon, swâ him séo cwên *bebéad* 714. cwædon,
þät héo ôwiht swylces nê ær nê sið æfre *hŷrdon* 571. hio
geefnede swâ, siððan winemagas westan *bróhton* léofspel manig
1015. þâ wäs syxte geâr Constantines câserdômes, þät hê Rôm-
wara in ríce *wearð* âhäfen tô heretêman 7. 561. 563. Auch
hier finden wir wieder die mit dem Hülfsverb gebildete Form
im gleichen Satze und in gleicher Bedeutung neben dem ein-
fachen Präteritum: éow þäs lungre *âþreât*, and gê þâm ryhte
wiðroten häfdon, onscunedon þone sciran scippend, and gedwolan
fylgdon 368. *häfde* Ciriacus eall gefylled, swâ him séo äðele
bebéad, wîfes willan 1130. þâ þät *gefrugnon*, þâ þurh fulwihte
lærde wæron, him wäs léoht sefa 172.

Das Imperfekt Konjunktivi steht in der Bedeutung eines
Plusquamperfekts des Konjunktivs: Jûdas hire ongên þingode,
cwäð, þät hê þät on gehðu gespræce 667. 449.

e. Endlich wird das Präteritum in der Bedeutung eines
1. und 2. Konditionalis verwendet: céolas léton on brime bidan
beorna geþinges, hwonne héo sio gûðcwên eft *gesôhte* (= suchen
würde) 254. gif hê þîn nære sunu synna léas, næfre hê sôðra
swâ feala in woruldríce wundra *gefremede*. nô ðû of déaðe hine

swâ þrymlice *âweahte*, gif hê in wuldre þin ne wære (= er würde gewirkt haben, er würde erweckt haben) 777. hê âsettan hcht on þone middel þære mæran byrig bêamas mid bearhtme and gebidan þær, ôð ðät him *gecýðde* cyning älmihtig wundor for weorodum 863 (bis ihm zeigen würde).

II. Ersatz der nicht vorhandenen Tempora.

1. Das Perfekt. Die Bedeutung und die Ersetzung dieser Zeitform ist schon oben I. 2. c. erörtert worden.

a. Das Perfekt der passiven Verben; vgl. § 2, II. 3.

b. Das Perfekt der intransitiven Verben wird durch Zusammensetzung des Particips des Perfekts mit dem Präsens von wesan gebildet: nû synt geârdagas forð gewitene, lifwynne geliden 1267. is nû woru sceacen 633. hû is þät geworden on þysse werþêode, þät etc. 643. nû is in lêoht cymen wyrda bigang 1123. Die Vorstellung des aus der Thätigkeit resultierenden Zustandes überwiegt die der vollendeten Thätigkeit mehr oder weniger.

c. Das Perfekt transitiver Verben wird durch habban mit dem Particip des Perfekts umschrieben: ic þät gearolice ongiten hæbbe, þät etc. 288. nû ic þurh sôð hafu seolf gecnâwen, þät ðû etc. 808. hafað mec berêafod rihta gehwylces 910.

2. Das Plusquamperfekt bezeichnet eine für und mit Bezug auf eine vergangene Zeit vollendete Handlung:

a. Das Plusquamperfekt passiver Verba; vgl. a. a. O. 4.

b. Das Plusquamperfekt intransitiver Verben wird α) mittels des Präteritums von wesan gebildet: þâ wäs âgangen 1. þâ wäs lencten âgân 1227. wäs him frôfra mæst geworden 993, β) durch das Präteritum von habban: syððan tô hŷðe hringedstefnan ofer lagofästen geliden häfdon, cêolas etc. 248. Das mit habban verbundene Particip des Perfekts des intransitiven Verbs läfst die Anschauung der vollendeten Thätigkeit hervortreten, während das mit dem verbum substantivum verbundene mehr den resultierenden Zustand ausdrückt. Vgl. 1. b.

c. Das Plusquamperfekt transitiver Verben wird mit dem Präteritum von habban gebildet: þâ wîsestan, þâ þe snyttrocräft gefrigen häfdon 155. wäs sôna gearu wîf on willsið, swâ hire weoruda helm beboden häfde 224. gê þâm ryhte wiðroten hæfdon 368. swâ him sio rîce ewên beboden hæfde 411. hwæt sio syn wære, þe hie on þâm folce gefremed hæfdon 414. 998. 1130. 1254.

3. Das Futurum.

Das einfache Futurum bezeichnet eine Handlung, welche vom Standpunkte des Redenden aus als zukünftig betrachtet wird. Das Ags. verwendet meistens das Präsens in Futurbedeutung, vgl. oben I. 2. b. Daneben findet jedoch die Bildung einer zusammengesetzten Form mit dem Präsens von sculan statt, welche dem Futur nahe kommt Die in der Elene vorkommenden Stellen finden sich § 1. II. 7. b. bei sculan u. § 2. II. 5, Futur des Passivs angegeben.

Ein Futurum exaktum giebt es im Ags. nicht.

4. Der Konditionalis.

Der 1. Konditionalis bezeichnet eine Thätigkeit, welche vom Standpunkte der für den Redenden abgeschlossenen Vergangenheit aus in die Zukunft verlegt wird. Das Ags. gebraucht hierzu den Konjunktiv des Präteritums, vgl. oben 1. 2. c. Dafs daneben die Umschreibung durch das Präteritum von sculan hergeht, haben wir bei sculan a. a. O. gesehen.

Der 2. Konditionalis kommt im Ags. nicht vor.

§ 4. Die Modi des Verbs im Hauptsatze.

Das Ags. besitzt zwei volle Modi, einen Indikativ und einen Konjunktiv (Optativ), aufserdem einen auf das Präsens beschränkten Imperativ.

Über die schon im Ags. sich anbahnende Vertretung des Konjunktivs durch ein zum Thätigkeitsbegriffe gefügtes Modalverb vgl. § 1. II. 4. c. und 9. b.

I. Der Indikativ dient zur Darstellung einer wirklichen oder als wirklich angenommenen Thatsache. Er findet sich als herrschender Modus im Hauptsatze. Einer Aufzählung der Fälle seiner Verwendung bedarf es nicht, da sein Gebrauch sich aus der Darstellung desjenigen des Konjunktivs ergiebt.

II. Der Konjunktiv stellt den Inhalt der Aussage als blofse Annahme oder Vorstellung hin. Er wird im Hauptsatze seltener verwendet, da dieser naturgemäfs zumeist einen objektiven Gehalt bietet.

1. Der Konjunktiv dient im Hauptsatze zum Ausdrucke eines Wunsches. Als solcher kommt a) der Konjunktiv des Präsens vor: sie ðê, mægena god, þrymsittendum þanc bûtan ende 810. sie him wuldor and þanc â bûtan ende callra gesceafta 893. sie þâra manna gehwâm behliden helle duru 1229. wuldor þäs âge on heahnesse heofonrices god 1124; b) der Konjunktiv des Präteritums einmal: wolde ic, þät ðû funde 1080.

2. Im Folgesatze des hypothetischen Satzgefüges wird der Konjunktiv des Präteritums angewendet, um die aus der unmöglich erscheinenden Forderung des Nebensatzes sich ergebende Folge auszudrücken: gif hê þin nære sunu synna lêas, næfre hê sôðra swâ feala in woruldrîce wundra *gefremede*, nô ðû of deaðe hine swâ þrymlice, þeoda wealdend, *âweahte*, gif hê in wuldre þin ne wære 773. Vgl. oben § 3, 2 c).

III. Der Imperativ ist der durch eine Anrede ausgedrückte Ausspruch eines Willens. Die Stellen wo er in der Elene vorkommt, a) mit einem Subjektspronomen verbunden, b) alleinstehend, c) mit dem Vokativ sind Kap. III. § 1. I. 5. und Kap. I. § 2. II. angegeben.

§ 5. **Der Infinitiv.**

Der Infinitiv tritt im Ags. nur in einer Zeitform auf, der des Präsens. Er drückt die abstrakte Thätigkeit in der Weise eines Substantivs aus; er gehört daher keiner bestimmten Zeitsphäre an, sondern seine eigentliche Zeit wird durch die des regierenden Verbs bezeichnet. Seiner syntaktischen Verwendung nach tritt der Infinitiv in der Elene als objektive und als adverbiale Satzbestimmung auf und dient in dieser Eigenschaft als Mittel der Verkürzung von Nebensätzen.

1. Der Infinitiv steht als Objekt, immer ohne Präposition, a) nach den Hülfszeitwörtern; vgl. oben § 1. II, 3—9; b) abhängig von transitiven Begriffszeitwörtern; als Objekt nach diesen tritt der Infinitiv entweder *a*) alleinstehend auf; nach den Verben: *bebéodan*, ðâ sêo cwên bebéad cræftum getŷde sundor âsêcan 1018, *findan*, swâ ic on bôcum fand cŷðan 1255, *hâtan*, Constantinus, heht þê cyning engla wære béodan 79. so 42. 99. 105. 276. 691. 877. 1003. 1051. 1161. 1173. 1198, *onginnan*, ongan þâ leoflîc wif weras Ebrêa wordum negan 286; so 157.

198. 225. 303. 306. 311. 384. 558. 570. 696. 828. 850. 901. 1068. 1094. 1148. 1156. 1164. 1205; *þencan*, þe éow lýsan þóhte 296; oder β) bei weitem häufiger ist dem Prädikatsverb nicht blofs ein Infinitiv, sondern auch ein Personen- oder Sachobjekt beigegeben, welches zugleich als das Subjekt der durch den Infinitiv bezeichneten Handlung anzusehen ist; der Infinitiv ist immer ein aktiver, wiewohl er öfter passive Bedeutung hat, wie im Deutschen; die Verba sind: *behéodan*, ðâ sio cwén bebéad ofer eorlmägen áras lýsan ricene tô ráde 980. *forlætan*, hío on sybbe forlét sécan gehwylcne ágenne eard 598. 793. *biddan*, bäd him engla weard geopenigean uncûðe wyrd 1101. *hátan*, flugon instäpes Húna léode, swâ þät hálige tréo árǽran heht Rômwara cyning 127. 214. 509. 863. 999. 1007. 1023. 1202. *hýran*, ne hýrde ic sið né ǽr on égstréame idese lǽdan on merestrǽte mägen fägrre 240. 538. 670. *gehýran* 442. 659. *gesíon*, þær meahte gesíon, se ðone síd behéold, brecan ofer bäðweg brimwudu 243. léode gesáwon hira wilgifan wundor cýðan 1111. *lǽtan*, léton þâ ofer fifelwäg fámige scriðan bronte brimþisan 237. 250. 819. 1105. Bei den meisten dieser Verben ist der Objektsnebensatz mit þät ebenso gebräuchlich, vgl. T. 3. II. § 2.

2. Der Infinitiv im adverbialen Verhältnisse. — Der Infinitiv steht nach Intransitiven, um den Zweck der Thätigkeit zu bezeichnen, ohne Präposition: côm þâ wigena hléo þegna þréate þrýðbord sténan, beadurôf cyning, burga néosan 150. (hío) tô hofe éodon cýðan cräftes miht 557.

3. Der Infinitiv steht in unmittelbarer Verbindung mit einem Adjektiv, welches eine Fähigkeit oder Bestimmung ausdrückt; der Infinitiv ist von der Präposition tô begleitet und flektiert: nû gê geare cunnon, hwät éow þäs on sefan sélest þince tô gecýðanne 533. hwät him þäs on sefan sélost þûhte tô gelǽstenne 1165. þê synt tû gearn, swâ líf, swâ déað, swâ þê léofre bið tô gecéosanne 605.

§ 6. **Die Participien.**

I. Das Particip des Präsens.

1. Das Particip des Präsens schliefst sich als Prädikatsbestimmung an die Verben béon und weorðan, vgl. § 2. I, und an intransitive Verben an, vgl. T. 2. I. § 5.

2. Es tritt als Attribut zu einem Substantiv mit welchem es kongruiert; vgl. T. 2. II. § 4.

3. Es ist Apposition; vgl. T. 2. II. § 3.

4. Das Particip des Präsens tritt substantiviert auf. Hierhin gehören a) solche ursprünglichen Participien, welche mit Verlust des adjektivischen Charakters vollkommene Substantive geworden sind, mehrfach in Komposition mit anderen Wörtern: (sê) hælend der Heilende, Heiland 726. 809. 862. 912. 920. 1063, nergend (nerigend) der Retter, Heiland 461. 465. 503. 799. 1065. 1078. 1086. 1173. wigend (wiggend) Kämpfer 106. 984 und die Kompositionen burgwigend 34. byrnwigend 224. 235. lindwigend 270, hetend, Hassende, Feinde 18. 119. wealdend (waldend) der Waltende, Herr 4. 80. 206. 337. 347. 391. 421. 482. 512. 732. 752. 773. 781. 789. 851. 892. 1043. 1067. 1085. 1090. wêmend, Verkünder 880 (wêman = raten); ferner die Kompositionen ælerend Glaubenslehrer 506. burgsittend Burgbewohner 276. dearedlâcende (dâreðlâcende) (Pl.) Lanzenkämpfer 37. 651. gôddênd (Pl. von gôddônd) Wohlthäter 359. foldbûende (Pl.) Erdbewohner 1014. reordberend sprechend = der Mensch 1282. þrymsittende der in Herrlichkeit Thronende 811. b) Andere Substantivierungen: näs þâ *friegendra* under goldhoman gâd in burgum 991. þâ eallum bebead on þâm gumrice god *hergendum*, werum and wifum, þät etc. 1220. heht þâ âsettan life belidenes lic, *unlifgendes* 877.

II. Das Particip des Perfekts.

1. Das Particip des Perfekts schliefst sich als **prädikative Bestimmung**

a) an die Verben des Seins und Werdens zur Bildung des Passivs, vgl. § 2 und 2. T. I. § 5;

b) an die Verben des Seins und an habban zur Bildung der Perfektformen intransitiver Verben, vgl. § 3. II. 1. und 2. und 2. T. I. § 5;

c) an andere Intransitive, vgl. 2. T. I. § 5;

d) an das Verb habban zur Bildung der Perfektformen des Aktiv transitiver Verben, vgl. § 3. II. 1. und 2;

e) an andere transitive Verben faktitiver Bedeutung, vgl. T. 2. I. § 5.

2. Das Particip des Perfekts tritt zu einem Substantiv als Attribut, vgl. T. 2. II. § 4.

3. Es ist Apposition, vgl. ibd. § 3.

4. Es wird substantiviert. Die Substantivierung eines Particips des Perfekts ist nicht so häufig, wie die eines Particips des Präsens: heht þá âsettan life *belidenes* lîc 877. syntulle béoð, mânc *gemengde*, in þâm midle þréad 1295. Vgl. übrigens das P. des Perf. in Appos. l. c.

Anm. Zur Bezeichnung neutraler Begriffe kommt das Particip weder des Präsens noch des Perfekts in der Elene vor.

§ 7. Das Verbalsubstantiv.

Das Ags. bildete von Verbalstämmen Substantive auf -ung (ing), welche als der abstrakte Ausdruck der Thätigkeit, die durch den Verbalbegriff bezeichnet wird, erscheinen. Das Verbalsubstantiv tritt daher als wirkliches Substantiv mit substantivischer Rektion auf. Es wird auch mit andern Nennwörtern komponiert: þær wäs heard handgeswing and herga gring 115. þû geworhtest þâ (áras) and tô þegnunge þinre gesettest 738. bûtan þû forlæte þâ léasunga 689. mid léasingum 1123. sige forgeaf Constantino cyning älmihtig, dômweorðunga 144. þá gên him Elene forgeaf sincweorðunga 1218. mid Marian, þe on gemynd nime þære déorestan dægweorðunga rôde 1233.

Von abstrakten Begriffen scheint das Verbalsubstantiv auch zur Benennung konkreter Dinge übergegangen zu sein: þær meahte gesion, sê ðone sîð behéold, brecan ofer bäðweg brimwudu, suyrgan under *swellingum* 243 (Zup. giebt als Bedeutung mit einem ? Schwellung, schwellendes Segel; die Lesart ist zweifelhaft, Thorpe hat spellingum). Die Bildungssilbe -ing kommt auch sonst vor, wie in äðeling 12. 66 etc. cyning 5. 13 etc. hearding 25. 130 zur Bildung konkreter Substantive aus Nominalstämmen; vgl. Mätzner I. p. 496.

Kapitel VI.
Syntax der inflexibeln Wortklassen.
§ 1. Die Präpositionen.

Man kann die Präpositionen einteilen in eigentliche, welche reine Partikeln sind, und uneigentliche, welchen Nomina mit oder ohne vorgesetzte Partikeln zu Grunde liegen.

Die eigentlichen Präpositionen, welche in der Elene vorkommen, sind: æfter, æt, be, beforan, bûtan, for, fore, fram, geond, in, mid, of, ofer, on, oð, tô, under, uppan, wið, ymb, þurh.

Die uneigentlichen zerfallen in 1. substantivische Präpositionen, welche aus einer Verbindung eines Substantivs mit einer Präposition bestehen: for-lufan, ongên, on gemang, on lâste, tô willan; 2. adjektivische: ær, betwéonum, neáh.

Nach dem Kasus des Substantivs, welchen sie regieren, giebt es

I. Präpositionen mit einem Kasus, und zwar
1. mit dem Genetiv: for lufan, on gemang, betwéonum.
2. mit dem Dativ: æfter, æt, be, beforan, bûtan, of, uppan, ongeân, on lâste, tô willan, ær, neáh.
3. mit dem Akkusativ: geond, oð, ymb, þurh.

II. Präpositionen mit zwei Kasus, und zwar
1. mit dem Dativ und Akkusativ: for, fore, fram, in, ofer, under;
2. mit dem Dativ und Genetiv: tô.

III. Präpositionen mit drei Kasus, und zwar
1. mit dem Genetiv, Dativ und Akkusativ: wið;
2. mit dem Dativ, Instrumentalis und Akkusativ: mid, on.

Gebrauch der Präpositionen.

I. Die eigentlichen Präpositionen.

æfter mit dem Dativ;
1. zur Bezeichnung lokaler Verhältnisse bedeutet es a) nach, hinter — her: stundum wræccon ofer mearcpaðu mägen *æfter* ôðrum 232; b) Verbreitung im Raume: ðâ wäs mære morgenspel boden *æfter* burgum 972. = über..hin, in; c) die Ruhe, wo = hinter,

auf: feore burgon *äfter* stânclifum 134. þû scealt geagninga wisdôm onwrêon, *äfter* stedewange hwær sêo stôw sie Caluarie 673.

2. In Bezug auf temporale Verhältnisse drückt es aus: a) die Folge = nach: þonne brôðor þîn onfêng äfter fyrste fulwihtes bäð 489. 1034. 429. 1264. 1267; b) den Ausgangspunkt in der Zeit: wäs se witedôm beforan sungen call *äfter* orde 1153 = von an; c) Verbreitung in der Zeit = durch .. hin þeâh ic feala for him äfter woruldstundum wundra gefremede 362.

3. Es bezeichnet das Ziel einer Thätigkeit: ongan þâ wilfägen äfter þâm wuldres trêo eorðan delfan 828.

ät mit dem Dativ bezeichnet:

1. unmittelbare örtliche Nähe = bei, in: þær wlanc manig ät wendelsæ on stäðe stôdon 231. 251. 399. 146. hê âh ät wigge spêd, sigor ät säce 1182. 1178. 1189. him wäs geômor sefa, hât ät heortan 627; mit ät steht die Person bei den Verben „finden bei, empfangen von": symle hælo þær ät þâm bisceope, bôte, fundon 1216. ät þâm se lêodfruma fulwihte onfêng 191 (vgl. d. neuengl. at the hand of);

2. den Zeitpunkt: sume drenc fornam on lagostrêame lifes ät ende 136;

3. ein kausales Verhältnis: wäs him frôfra mæst geworden in worulde ät ðâm wilspelle 993. 965.

be mit dem Dativ dient zum Ausdruck:

1. eines örtlichen Verhältnisses, bei, in: landes frätwe gewîtaþ under wolcnum winde gelicost, þonne hê for hæleðum hlûd âstîgeð, wæðeð *be* wolcnum 1274;

2. des Mittels: him se âr be naman nemde 78. hê syððan wäs sanctus Paulus be naman haten 505. 756. ôð ðät him gecýðde cyning älmihtig wundor for weorodum be ðâm wuldres trêo 867;

3. des Gegenstandes bei den Verben fragen, sprechen u. s. w. über, in Betreff: ne ful geare cûðon sweotole gesecggan be þâm sigebêame 168. be þâm Moyses sang 337, so 342. 350. 420. 444. 562. 601. 665. 706. 861. 867. 1068. 1189. 1241. 1257.

bûtan, mit dem Dativ, aufser, ohne: hê hafað wigges lêan, blæd bûtan blinne 826. wäs þâ lencten âgân bûtan VI. nihtum 1228. 802. 811. 894. 953. 1292.

for regiert den Dativ und Akkusativ.

I. Mit dem Dativ bezeichnet es:

1. räumliches vor, in Gegenwart von: býman sungon hlúde for hergum 110. 4. 124. 170. 175. 180. 332. 351. 404. 406. 417. 587. 591. 596. 620. 688. 782. 979. 1198. 1273;

2. einen Beweggrund, eine Ursache = vor, wegen, um — willen: þá gén Elenan wäs mód gemynde ymb þá mæran wyrd geneahhe for þám näglum 1065. rices ne wénde for werodléste 63. nû ic hit leng ne mäg helan for hungre 703. þá for lufan dryhtnes Stephanus wäs stánum worpod 492. for sáwla lufan 564. for äfstum 496. 521. 657. 677. 1134;

3. für = zum Nutzen: þeáh ic feala for him wundra gefremede 362.

II. Mit dem Akkusativ giebt es die Vertretung an = statt, anstatt: þá mé sóðlice secgan cunnon, andsware cýðan for éow forð tácna gehwylces 318. sé ðære äðelan sceal andwyrde ágifan for þyslicne þreát on meþle 546.

fore steht mit dem Dativ und Akkusativ.

I. Mit dem Dativ heifst es:

1. vor, vom Orte: þe me fore standaþ 577. fore onsýne éces déman 746;

2. vor, von der Zeit: þe ús fore wæron 637.

II. Mit dem Akkusativ bedeutet es räumlich „vor" bei Verben der Bewegung: ásetton þá on gesyhðe sigebeámas III eorlas ánhýdige fore Elenan enéo 848.

beforan mit dem Dativ = örtlich vor, voran: heht þät hálige tréo him beforan ferjan 108.

fram (from) mit dem Dativ nennt:

1. den Ausgangspunkt einer Thätigkeit = von, aus: éodon þá fram rúne 411. 701. ácyrred fram Criste 1120. fram þám engan hofe 712; daher steht es öfter bei den Verben des Trennens, Befreiens, wo es mit of wechselt: þe éow of wergðe þurh his wuldres miht, fram ligewale, lýsan þóhte, of häftnéde 296, so 299. 301. 1309;

2. die thätige Person beim Passiv: swá fram Siluestre lærde wæron 190;

3. den Anfangspunkt in der Zeit: fram däges orde 140. fram orde óð ende 590. fram fruman worulde 1142.

geond mit dem Akkusativ drückt die Verbreitung aus = über . . hin: hé manegum wearð geond middangeard mannum tó hróðer 16. 969. 1177. þám snoterestum side and wíde geond Júdéas 278, oder die Linie = durch . . hin: þe geond lyft farað 734.

in wird mit dem Dativ und Akkusativ gebraucht.

I. Mit dem Dativ bezeichnet es:

1. den Ort, die Lage = in: he Rómwara in ríce wearð áháfen 9. in Bethleme 391. in burgum 412, so 196. 484. 527. 602. 621. 737. 741. 747. 775. 779. 782. 807. 822. 823. 826, oder die Lage auf: in cynestóle 330. in beorge 578;

2. den Zustand = in: in þrýnesse þrymme geweorðad 177. 210. siomode in sorgum 694. 766. 768. 771;

3. den Zeitpunkt: in fyrndagum 425. þone mæran däg, in ðám sio hálige ród gemêted wäs 1224.

II. Mit dem Akkusativ giebt es an:

1. ein örtliches Verhältnis auf die Frage wohin?: heht þá scúfan scyldigne in drýgne séað 693. cwômon in þá ceastre 274. so noch 765. 931. 943. 944. 1026. 1089. 1205. 1287. 1297. 1305; auch in übertragener Bedeutung: wealdend god ácenned wearð in middangeard 6. hine sylfne getengde in godes þéowdóm 201. nú is in léoht cymen 1123. in gemynd cumað 1303;

2. den Zustand: sê ðe of déaðe sylf worn áwehte on wera corþre in þät wrre líf éowres cynnes 305;

3. die Zeitausdehnung: ac þára dóm leofað and hira dryhtscipe in woruld weorulda willum gefylled, ðe þone áhangnan cyning herjaþ and lofjað 452. þät hie lufan dryhtnes fäste gelæston in hira lífes tíd 1209.

Anm. *in* findet sich zweimal mit dem Akk., wo wir den Dativ erwarten sollten: hú se liffruma *in* cildes *hád* cenned wurde 335. und ebenso 776; einmal steht der Dativ bei *in*, wo wir den Akk. gebrauchen: se hælend mê in þám engan hám eft getýnde 921.

mid wird mit dem Dativ, Instrumentalis und Akkusativ verbunden.

I. Mit dem Dativ bezeichnet mid

1. das Mittel: þéah ic ær mid dysige þurhdrifen wære 707. héo þá róde heht golde beweorcean and gimcynnum, mid þám ädelestum corenanstánum 1025. mid þám (sc. näglum) on róde wäs rodera wealdend gefästnod 1067, so 742. 805. 843. 1123;

2. die Gemeinschaft, Gesellschaft: éodan þâ mid mengo môdcwânige 377. gif ðú in heofonrice habban wille eard mid englum 622. twegen mid him geþrôwedon 854. 821. 844. 328. 407. 1203. 1233; daher auch

3. begleitende Nebenumstände der Handlung, Gleichzeitigkeit: hê âsettan heht bêamas mid bearhtme 865. mid ærdäge 105, und überhaupt die Weise: hine mid ârum ûp gelæddon 714. 577.

II. Mit dem Instrumentalis nennt mid:
1. das Mittel: mid þýs bêacne ðú féond oferswiðesð 92. þonne ät säcce mid þý (damit) oferswiðan mäge féonda gehwylcne 1178;
2. die Gemeinschaft: þær wäs lof hafen fäger mid þý folce 891.

III. Mit dem Akkusativ drückt es aus:
1. Begleitung, Gesellschaft: cwômon in þâ ceastre mid þâ äðelan cwên 275. mid sigecwên 998. 737.
2. das Mittel: gê mid horn spêowdon on þäs andwlitan, þe etc. 297.

of mit dem Dativ steht:
1. zur Angabe des Ausgangspunktes einer Bewegung von einem Orte: wende hine of worulde 440. of rôde âhäfen 482, so 186. 282. 700. 711. 715. 736. 762. 794. 803. 845. 1023. 1087. 1113. 1115. 1226. 1303. 1305; daher auch
2. von Zuständen: hê of slæpe onbrägd 75. of dêaðe ârâs 187. 303. 780. 915; besonders bei den Verben erlösen, befreien: âlýsde lêoda bearn of locan dêofla 181. 295. 297.

on mit dem Dativ (oder Instrumentalis) und mit dem Akkusativ. *On* dient

I, mit dem Dativ (oder Instrumentalis) zur Bezeichnung
1. des Ortes oder Gegenstandes, an oder in dem, in dessen Nähe die Thätigkeit stattfindet: fyrdlêoð âgôl wulf on wealde 28. on älfylce, on Danubie städe wicedon 37. 59. 101. on städe stôdon 232. on gesyhðe (vor Augen) 184. 346. 614. 847. ðær wäs on eorle ôðgesýne brogden byrne 256. 265, so noch 67. 70. 93. 98. 126. 133. 241. 242. 253 etc., daher auch vom Befinden unter einer Menge: syndon tû on þâm (d. i. unter den Engeln), þe man seraphim be naman hâteð 754. læt mec, mihta god, on rímtale rices þínes wunigan 819.

2. des Zustandes: þâ wearð on slæpe sylfum ätýwed þâm câsere 69. on weres hâde 72. 53;

3. des Zeitpunktes und Zeitraumes: on ûhtan 105. on fyrudagum 398. 528. on lifdagum 441. 639. 638. — on aldre 571. on swâ lytlum fäce 960. on widan feore 1288;

4. der Weise und näheren Bestimmung: þær on rîme wäs þrêo M. þæra lêoda 284. on manrîme 650. þät hê on XX. fötmælum feor funde behelede 830.

II. Mit dem Akkusativ zur Angabe:

1. des Ortes, wohin eine Bewegung gerichtet ist: hû on galgan wearð godes âgen bearn âhangen 179. 719. 206. 424. hringedstefnan geliden häfdon on Crêca land 250. on þone hâlgan handa sendan 457. þû tô heofenum bescoh on wuldres weard 84. 117. stôpon þâ tô þære stôwe on þâ dûne ûp 717. on clænra gemang 96. 108. 118. 134. 262. 298. 320. 654 etc. on gemôt cuman 279. þâra þe wif oððe wer on woruld cendan 508. weras þeahtedon on healfa gehwäne (nach .. hin) 548. 955. 1180.

Anm. An einer Stelle steht on mit Akk. auf die Frage wo: hê on gesyhðe wäs mîn on þâ swiðran 346.

2. Der Zeitdauer: and þæt ford gehêold on his dagana tîd 193, und des Zeitpunktes: þâ cleopigan ongan on þone seofeðan däg 697.

3. Des Zieles, der Bestimmung: wäs sôna gearu wif on willsið 223. manigum on andan (zum Ärger) 970. on fultum 1053.

4. Der Weise: ne magon gê þâ word gesêðan, þe gê hwile nû on unriht wrigon under womma scêatum 582. on ebrisc spräc 725.

5. Der Richtung der Thätigkeit beim Verb gelýfan glauben: ic gelýfe þê sêl.. on þone âhangnan Crîst 798.

ôð bis mit dem Akkusativ bezeichnet:

1. den Ort: from orde ôð ende forð 590;

2. den Zeitpunkt: êhton elþêoda ôð þät æfen forð 139. (gê) gedwolan lifdon ôð þysne däg 312. 870. ôð þät 1257.

tô wird mit dem Genetiv und Dativ verbunden.

I. Mit dem Genetiv steht tô in dem Ausdrucke tô þäs = so sehr: is þes þroht tô ðäs heard 704 (daneben findet sich tô þan 703).

II. Mit dem Dativ giebt tô

1. das Ziel einer Bewegung an: oft him feorran tô laman cwômon 1213. tô hilde 32. 52. þâ his môdor hêt fêran tô Jûdêum 216. tô hŷðe 248. hêo tô salore laðode wæron 382. to Hierusalem cwômon 273. tô þære hâlgan byrig 1006. þû tô heofenum beseoh 83. tô heofenum âstâh 188, daher auch bei den Verben sprechen, rufen: Elene maþelode tô þâm ânhagan 604. þät word âcwäð tô þâm bisceope 1073. tô gode cleopode 1100. tô sunu metudes wordum cleopodon 1318;

2. den Ort auf die Frage wo? bei dem Verb sêcan: þe ic him tô sêce 319. swâ hîo him tô sôhte 325. 410. 568 (tô steht hier immer hinter dem Substantiv);

3. den Zweck, die Bestimmung: tô hwan hîo þâ näglas sêlost gedôn meahte dugoðum tô hrôðer 1158. (sigorbêacen) þät ær behŷded wäs hâlgum tô têonan 987. þû geworhtest þâ (âras) and tô þegnunge þîure gesettest 739. þêah hîe werod lässe häfdon tô hilde 49, so 34, 45. 48. 495. 533. 1166. 607; bei den Verben machen, erwählen, nehmen, erheben, werden wird oft tô statt der prädikativen Bestimmung gebraucht: þät hê gesette Jûdas tô bisceope þurh gâstes gife tô godes temple gecorenne 1057. hê wearð âhäfen tô heretêman 10. þone tenne genam Jûdâs tô gîsle 599. hê manegum weard mannum tô hrôðer, werþêodum tô wräce 16. tô þinge þafjan 608;

4. die Gemäfsheit: þe him tô sôðe secgan meahte 160. ic 'ow tô sôðe secgan wille 574;

5. ein zeitliches Verhältnis, die Dauer eines Zeitraumes: þäs hie in hŷnðum sculon tô widan feore wergðu drêogan 211. yrfes brûcaþ wuldorcyninges tô widan feore 1321. þanon ic ne wende æfre tô aldre onsîon mîne 349. bôte fundon êce tô aldre 1218.

ofer kommt mit dem Dativ und Akkusativ vor.

I. Mit dem Dativ bezeichnet es die örtliche Ruhe: þû sylf sitest ofer þâm äðelestan engelcynne 733.

II. Mit dem Akkusativ steht ofer

1. vom Orte, zur Angabe a) der örtlichen Verbreitung: is his rîce brâd ofer middangeard 918. ðâ þäs friccgan ongan folces aldor, ofer sid weorod 158. wlât ofer ealle 385. 881. 981. 1135: b) der Linie, über welche hin eine Bewegung stattfindet: gâras

ofer geolorand onsendan 118. stundum wræcon ofer mearcpaðu 233. 237. 244. 249. 255. 269. 983. 996. 997. 1017. 1133. 1201. 1289; c) der Ruhe: geseah hê wliti wuldres trêo ofer wolcna hrôf 89. bord oft onfêng ofer earhgeblond ýða swengas 239; von der örtlichen Bedeutung gelangt ofer zur Verwendung

2. bei dem Verb ricsjan herrschen über: ne bið lang ofer ðät, þät Israhêla äðelu môten ofer middangeard mâ ricsjan 432;

3. es bedeutet über .. hinaus = gegen: gê gedwolan fylgdon ofer riht godes 372; und wird

4. auf die Zeit übertragen, über .. hinaus = nach: ne mäg æfre ofer þät Ebrêa þêod rice healdan 448. 432.

úppan, örtlich auf mit dem Dativ: hrâ wäs on anbide, ôð ðät him úppan wäs rôd âræred 886.

under regiert den Dativ und den Akkusativ.

I. Mit dem Dativ dient es zur Angabe:

1. des Ortes = unter: äðelinges wêox ríce under roderum 12. 46. 75. 147. 245. 507. 583. 631. 652. 218. 485. 625. 653. 832. 843. 1092;

2. des Zustandes: hê siomode under hearmlocan hungre geþrêatod 695.

II. Mit dem Akkusativ giebt es die Richtung einer Bewegung an = unter .. (hin): þâ se câsere heht gûðgelæcan under earhfäre bannan tô beadwe 44. þâ sio werge sceolu under heolstorhofu hrêosan sceolde 764.

wið erscheint dem Genetiv, Dativ und Akkusativ.

1. Mit dem Genetiv bedeutet es: gegen, zum Schutze gegen: þät hê þone stân nime wid hungres hlêo 616.

II. Mit dem Dativ bezeichnet es:

1. feindliche Handlung = gegen: wæpen âhôf wið hetendum 18, so 64. 165. 185. 416. 525. 837. 1182. 1188.

2. Gemeinschaft = mit: him se âr hraðe wið þingode 77. gê môdblinde mengan onguunon lige wið sôðe, lêoht wið þystrum äfst wið âre 307.

III. Mit dem Akkusativ drückt wið aus:

1. feindliche Handlung = gegen: wê þät æbylgð nyton þeodon bealwa wið þec æfre 403. 513. ic âwecce wið ðê ôðerne cyning 927;

2. freundliche Gesinnung: þær is brôðor min geweorðod in wuldre þäs hê wære wið þec, Stephanus, hêold 823.

ymb mit dem Akkusativ wird gebraucht:

1. von lokalen Verhältnissen = um, herum: hie werod lässe häfdon tô hilde, þonne Hûna cining ridon ymb rôfne 50. ymb þäs wäteres stäð werod samnode 60. 66. 39. 136. 227. 260. 869;

2. von zeitlichen Verhältnissen = nach: swâ hit siððan gelamp ymb lytel fäc 271. 383;

3. von modalen Verhältnissen = um, in Bezug auf, in Betreff bei den Verben streiten, sprechen, fragen: gif þê þät gelimpe, þät ðû gehýre ymb þät hâlige trêo frôde frignan 442. þâ wäs Cristes lof þâm câsere gemyndig ymb þät mære trêo 214. þâ wundrade ymb þäs weres snyttro 959. þær hie ymb sige winnað 1181. 534. 541. 560. 664. 1064. 1071. 1255.

þurh mit dem Akkusativ wird in der Elene verwendet:

1. zur Angabe des Mittels: hildenädran þurh fingra geweald forð onsendan 119. sige forgeaf Constantino cyning älmihtig þurh his rôde trêo 144. 155. 165. 172. 183. 199. 203. 281. 289 u. s. w.; es entspricht hier öfter dem deutschen in: þäs þe waldend god âcenned wearð þurh mennisc hêo 4. 626. 646. 685. 808. 1106;

2. der bewirkenden Ursache = infolge von, wegen: hê wäs sôna gearu, þurh þäs hâlgan hæs hrêðerlocan onspêon 85. cyning wäs þŷ bliðra þurh þâ fägeran gesyhð 98. 207. 400. 424. 459. 498. 926. 1167. 1301.

3. der Person oder Sache bei den Verben bitten, schwören, beschwören, welche angerufen wird: ic þê þurh þät beorhte gesceap biddan wille 790. ic þät geswerige þurh sunu meotudes 686. ic ĉow healsje þurh heofona god 699.

II. Die uneigentlichen Präpositionen.

1. Substantivische Präpositionen.

for lufan, um willen mit dem Genetiv, erlangt präpositionale Kraft; þâ for lufan dryhtnes Stephanus wäs stânum worpod 491. for sâwla lufan 564.

ongeán (ongên), gegen, entgegen mit dem Dativ, wird von feindlicher Handlung gebraucht: þâ se câsere heht ongeân gramum gûðgelæcan bannan tô beadwe 43. Jûdas hire ongên þingode 609. 667.

on gemang, unter, von einer Menge, mit dem Genetiv: þâ þät lêoht gewât and se âr somed on clænra gemang 96. on feônda gemang 108. 118;

on lâste, mit dem Dativ = hinter .. her: ûrigfeðera earn sang âhôf lâðum on lâste 30.

tô — willan, um .. willen, mit dem Dativ: þät forð gehêold on his dagana tîd dryhtne tô willan 192. Crîste tô willan 678.

2. Adjektivische Präpositionen.

ær, vor, von der Zeit, mit dem Dativ: wäs þâ lencten âgân bûtan VI nihtum ær sumeres cyme 1228.

betwêonum mit dem Genetiv, zwischen, unter mehreren: þät hîe lufan dryhtnes ond sybbe swâ same syltra betwêonum fäste gelæston 1206.

nêah, nahe bei mit dem Dativ: here wîcode êgstrêame nêah 65.

A n m. Stellung der Präpositionen. Die gewöhnliche Stellung der Präposition ist vor dem regierten Worte. Häufig ist aber eine freiere Stellung, und zwar kann die Präposition 1. unmittelbar hinter ihrem Rektum stehen: þe mê fore standaþ 577. hire ougên 667. þe hire on wurdon âtydrede 1278. syltra betwêonum 1207, tô bei sêcan, s. tô 3 etc.; 2. entfernter vom regierten Worte: oft him feorran tô laman cwômon 1213. him se âr... wið þingode 76. þonne Hûna cyning ridon ymb rôfne 49; 3. ein Genetiv steht bisweilen zwischen der Präposition und dem regierten Worte: on his dagana tîd 193, vgl. 2. Teil. Kap. II. 5.

§ 2. Das Adverb.

Das Adverb dient entweder zur Bestimmung des Thätigkeitsbegriffes oder des Adjektivs, oder eines andern Adverbs. Die Adverbien werden ihrer Bedeutung nach eingeteilt in die vier Hauptklassen der Adverbien des Ortes, der Zeit, der Art und Weise und der Kausalität. Nach ihrer Entstehung zerfallen sie in ursprüngliche und abgeleitete.

I. Ursprüngliche Adverbien.

édre sogleich 649. 1001, eft wieder 143. 148 etc. fore vor Augen 345 und seine Ableitungen foran vorn 1184. beforan vorher 1142. 1154. (vgl. die Präposition). forð vor, vorwärts 318. 784. 1105, dahin, vorüber 120. 139 etc. weiter hin, fortwährend

192. 213. gên noch, wieder 373. 925 etc. gìna noch 1070. giô einst 436. hêr hier 661. hyder hierher 548. Von dem Pronominalstamm hwä sind mehrere Adverbien abgeleitet: hwær wo 205. 217. etc. àwêr (= âhwêr) irgendwo 33. gehwær überall 1183. lythwôn sehr wenig 142. hwonne wann 254. hûru fürwahr 1047. 1150. hwät fürwahr 293. 334 etc. hû wie 176 etc. (tô) hwau wozu 1158. — in ein, hinein 122. 846. on innan innerhalb 1057. late spät 708. niðer, nyðer, nach unten, hinunter 832. 943. neoðan von unten 1115. nû jetzt 313. 372. nûþâ 539. 661. olt oft 328 etc. on, on inuan s. o. ricene sogleich 607 etc. sundor abgesondert 407 etc. swâ so 163. 306 etc. tô zu 63. 663. 708. 1105. Dem Demonstrativstamm gehören an: þær dort 41. 84 etc., wo 70. 329 etc. þyder dorthin 548. þanon von da 143. 148. 348. þonne dann 446. 489. 526. 931. 1286. þâ damals, dann 7. 25. 42 etc. þäs deshalb 210. 768. þäs so sehr (tô þäs) 704. tô þau so sehr 703. forþan deshalb 309. 517. 522. 1319. þus so 189. 400. 528. 1120. 1237. þŷ, þê desto 96. 97. 796. 797. 946. 430. — ûp auf, hinauf 87. 95 etc. ûppe oben 52. ût hinaus 45.

II. Abgeleitete Adverbien.
1. Substantivische Adverbien.

a. Erstarrte Kasus: α) Genetiv Sgl. däges 198. nihtes 198. Pl. edniowunga aufs neue 300. undearnunga unverborgen 405. 620. semninga plötzlich 1110. 1275.³) geâra vor Jahren 1266. β) Dativ und Instrumentalis: æfre jemals 349. 361 etc. nœfre niemals 388. 468. 538. 659. 778. geârdagum ehemals 290. 835. stunde 724. stundum 121, sogleich 232. von Zeit zu Zeit. þrâgum lange 1239. lustum gerne 702. 1251. mærðum wunderbar 871. westan von Westen 1016. γ) Akkusativ; hâm heim 143. 148. â immer 744. 802 etc. nô nie 780 etc. hwîle lange 582. 625. sume hwîle eine Zeitlang 479.

b. Verbindungen mit Präpositionen. Präpositionen verschmelzen mit Substantiven öfter zu einem Ganzen: tôgênes entgegen 167. 536. instäpes sogleich 127. tô aldre immer 349. 1218. on aldre je 571. on gerûm hinweg 320.

---

¹) Koch zählt diese drei letzten zu den Genetiven, aber die Sache ist doch wohl sehr zweifelhaft; vgl. unten.

2. **Adjektivische Adverbien.**

a. Die Adverbien der Adjektive haben die Endung ~ e; geht das Adjektiv schon auf ~ e aus, so lautet das Adverb ihm gleich: æne einmal 1253. beorhte 92. cáfe rasch 56. déope tief 1081 neben déop 1190. èaðe leicht 1292. éce ewig, stets 1218. fägere schön 1213. gearwe ganz und gar 167. 399. 1240 etc. geare ganz und gar 860. georne eifrig 199. 216 etc. hraðe leicht, schnell 76. 406 etc. (raþe 372.) hlúde laut 110. 406. lange 602. 723 etc. léohte hell 92. 1116. nearwe eng, genau 1158. 1276. swiðe sehr 663. 940. snúde schleunig, schnell 154. 313. 446. side weithin 277. sweotole klar 26. 168. 861 etc. wide 277. wráðe verkehrt 294.

Neben und statt dieser Bildung auf ~ e wird auch eine Form auf ~ líce gebraucht: gearolice 288. gléawlice 189. onlice 99. singallice 747. sóðlice 317 etc. sweotollice 690. unwislice 293.

Im Komparativ und Superlativ gelten als Adverbien die endungslosen Formen der adjektivischen Komparative und Superlative auf ~ or und ost (ast): fästlicor 796. gearwor 946. deorlicost 1159. gearwast 328. wrätlicost 1020.

Unregelmäfsige Komparationen sind: sél besser 796. sélest 374. sélost 1158. mycel grofs, Adv. myclum s. u. má mehr 634. lytel klein, Adv. lytel s. u., læs 430. lange s. o., leng 702. 706. 907. néah nahe níhst 197 (?). forð hervor 318 etc. furður fürder 388.

b. Verhärtete Kasusformen der Adjektive als Adverbien: Genetiv: nalles (= ne alles) keineswegs 359. 470 etc. Dat. myclum 876. 1000. furðum eben, erst 914. Instrum. lytle 664. sóna bald 47. 85 etc. geneahhe genügend, sehr 1065. 1158. néan von nahe 657 (?). feorran von ferne 993. 1213. Akkusativ: neah genug (?) 657. feor fern 831. 1142. fyrn vor langer Zeit 632. 641. 974. lyt wenig 63. fyrmest zuerst 68, am meisten 316. ær eher 74. 101. ærest zuerst 116. úpweard 806. eall ganz 856. 1131. 1155. 1293. 1311.[1]

---

[1] Ich habe mich bei der Klassificierung der Adverbien nach Koch, 2. Aufl. p. 310—342, gerichtet trotz der Unsicherheit mancher seiner Annahmen.

Syntaktische Bemerkungen über den Gebrauch der Adverbien.

1. a. Die Adverbien der Weise ðus und swâ. Beide dienen in der Elene, sowohl um auf die Weise hinzudeuten, als auch übernehmen sie die Bestimmung des Adjektivs und Adverbs.

α) ðus mê fäder min unweaxenne wordum lærde 528. hie cwædon þus: nû etc. 1120. þus ic fród and fûs worderäft wäf 1237. — swâ gê módblinde mengan ongunnon lige wið sóðe 306. swâ hit eft be êow Essaias wordum mælde 350.

β) ðus gleawlíce sägdon sigeróſum swâ etc. 189. nê wê geare cunnon, þurh hwät ðû ðus hearde, hlæfdige, ûs corre wurde 399. — þe mê swâ léoht óðýwde 163. ne meahton him swâ disige dêað óðfästan 477. 541 u. s. f.

b. Die Adverbien der Quantität werden mit einem partitiven Genetiv verbunden: häfde wîgena tô lyt 63. lythwôn becwom Hûna herges hâm eft þanon 142. is nû feale siðþan forð gewitenra gumena 636.

c. Die Adverbien der Bejahung und Verneinung.

Die absolute Bejahung, das Ja als Erwiderung auf den ausgesprochenen Gedanken eines andern, begegnet in der Elene nicht. Dagegen finden sich Ausdrücke der Beteuerung und Bekräftigung, Affirmationen eines Gedanken des Redenden. Solche sind:

sóðlíce = fürwahr: hine, sôðlíce, sylfne getengde goldwine gumena in godes þeowdôm 200. forðan ic, sóðlíce, and mîn swæs fäder syðþan gelýfdon 517. (sôðlíce = der Wahrheit gemäfs 317. 665.)

þurh sôð: nû ic, þurh sôð, hafu seolf geenâwen, þät etc. 808.

hûru, wahrhaftig: hûru, wyrd gescrâf, þät 1047. hûru, weroda god gefullæste, þät etc. 1150. hwät, fürwahr: hwät, gê þære syttro sôð unwislíce wrâðe wiðwurpon 293. hwät, gê witgena lâre onfêngon 334. 397. 670. 920, immer zu Anfang des Satzes stehend. lâ, fürwahr: hwät is þis, lâ, manna 903.

Im Schwure und in der Beteuerung wird bei der angerufenen Person die Präposition·þurh gebraucht, s. oben § 1 þurh.

Die Verneinungspartikel innerhalb des Satzes ist ne; sie tritt regelmäfsig vor das Wort, zu dem sie gehört, und steht daher meist unmittelbar vor dem Zeitworte. Die Partikel ne geht eine Verbindung mit Verbformen ein, ne wäs wird näs 991, ne wære wird nære 171. 177. (ne wære 783), ne is wird nis 911, ne wât = nât (in nâthwylc) 73. 640, ne witon = niton (nyton) 401, ne wisse = nysse 1240, ne wiste = nyste 717, ne woldon = noldon 566 (ne woldon 394), ne âgan = nâgan 356. Zu bemerken ist, dafs die in diesen Zusammensetzungen enthaltene Negation auch zur Verneinung eines folgenden koordinierten Satzes ausreicht: wê ðät æbylgð nyton, þe wê gefremedon, þéodon bealwa wið þec æfre 401.

Auch mit Pronominibus und Adverbien verschmilzt ne: ne ænig wird nænig 916, ne ealles = nalles keineswegs 359. 470. 1253, nalles 818. 1134, ne æfre = næfre 388. 468. 538. 659. 778. ne â = nâ (nô) nie 1082. 1302.

Neben ne dient nô, dessen Grundbedeutung niemals ist, als stärkere Verneinung: nô ðû of déaðe hine swâ þrymlice, þeoda wealdend, âweahte, gif hê in wuldre þîn ne wære 780. (Zup. in seiner Ausgabe der Elene setzt nê? unter den Text, indessen pafst nô als starke Negation ja ganz gut, vgl. Stellen bei Mätzner, Grammatik, III. p. 137.) Auch V. 838 hat es wohl diese Bedeutung: hie wið godes bearne nið âhôfun, swâ hie nô sceoldon, þær hie leahtra fruman lârum ne hýrdon 838.

Eine doppelte Verneinung findet sich V. 240: *ne* hýrde ic sið *nê* ær idese lædan mägen fägrre und V. 524: þät ðû äfst *nê* cofulsäc æfre ne fremme.

Die konjunktionale Verneinungspartikel ist nê = und nicht, noch; sie dient zur Anknüpfung an einen bejahenden Satz: wê ebrêisce æ leornedon, þâ on fyrndagum fäderas cûðon, nê wê geare cunnon, þurh hwät etc. 397, wie an einen verneinenden: hîo him andsware ænige ne meahton âgifan tôgênes nê ful geare cûðon gesecgan be þâm sigebêacne 166. 567. 684. 860. 221. 240.

Zur Bezeichnung der gemeinsamen Aufhebung zweier Satzglieder wird nê . . . nê gebraucht weder . . . noch: hîo on aldre ôwiht swylces nê ær nê sið æfre hyrdon 572.

Der negative Absichtssatz wird, aufser durch þät mit ne, durch þý läs eingeleitet; vgl. Teil 3. Kap. II. § 1.

§ 3. Die Konjunktionen.

Die Konjunktionen sind teils beiordnende, teils unterordnende. Nach der Art der Beiordnung zerfallen die ersteren in Konjunktionen der kopulativen,[1]) disjunktiven,[2]) adversativen[3]) und kausalen[4]) Beiordnung; vgl. Teil 3. II. § 1. Die Konjunktionen der Unterordnung sind nach den Arten der Nebensätze:
1. und 2. für den Subjekts- und Objektssatz þät und þe.
3. für den Nebensatz der Ortbestimmung: þær und þe.
4. für den temporalen Nebensatz: hwonne, þonne, þâ, swâ, siððan, þäs ðe, ær, ærþan, óð ðät.
5. für den Kausalsatz: þät, þäs, þâ, nû.
6. für den Konditionalsatz: gif, þær, bûtan.
7. für den Konzessivsatz: þêah.
8. für den Konsekutivsatz: þät, swâ ne.
9. für den Finalsatz: þät, þý læs.
10. für den Modalsatz: swâ, þonne. Vgl. Teil 3. Kap. II. § 2.

§ 4. Die Interjektionen.

Zu den Interjektionen kann man die § 1 erwähnten Beteuerungs- und Bekräftigungspartikeln hûru, hwät, lâ rechnen.

[1]) and, êac, gê .. gê, swâ .. swâ.   [2]) oððe.   [3]) ac, swâ þêah, and hwäðre, and.   [4]) forðan, þäs.

Zweiter Teil.

Die Syntax des Satzes.

Vorbemerkung: Die Sätze werden eingeteilt in:
1. Hauptsätze, welche zerfallen in:
   a) Aussagesätze;
   b) Fragesätze;
   c) Wunsch- und Heischesätze.
2. Nebensätze, deren Klassen nach der Art ihrer Einleitung sind:[1])
   a) Nebensätze, welche durch Konjunktionen eingeleitet sind (die versch. Arten derselben siehe Teil 3. Kap. II. § 2);
   b) Nebensätze, eingeleitet mit Interrogativis (Pronomina, Adverbien), vgl. Teil 1. Kap. III. § 6:
   c) Nebensätze, eingeleitet mit Relativis, vgl. ibd. § 5.

Kapitel I.

Syntax der notwendigen Satzteile
(d. h. des Subjekts und Prädikats und, wenn das Verbum ein Transitivum ist, des Objekts).

§ 1. **Kongruenz des Prädikats mit dem Subjekt.**

I. Die Kongruenz des Prädikats mit einem einfachen Subjekte.

1. Das Prädikat stimmt mit dem Subjekte überein; das Verb des Prädikats steht in derselben Person und Zahl, das Nomen ist in derselben Zahl, demselben Geschlechte und demselben Kasus wie das Subjekt stehend zu denken, wenn auch die

---

[1]) Uneingeleitete Nebensätze kommen in der Elene nicht vor.

Formen desselben nicht überall mehr erkennbar sind; vgl. II. § 6. ne hýrde ic 240. wê þät gehýrdon 364. ðú féond oferswiðesð 93. gé þære snyttro sôð wiðwurpon, þà gé wergdon þane, þe êow lýsan þôhte 293. hé wäs riht cyning 13. þät we ðäs morðres meldan ne weorðen 429.

Zusatz 1. Gleichgültig ist es für die Regel der Kongruenz, ob das einzelne Individuum als solches, oder als Vertreter der Gattung verallgemeinert auftritt: mearh moldan träd 55. s. Teil 1. Kap. I. § 1.

2. Es findet sich jedoch auch der Singular des Prädikats bei einem Plural des Subjekts. Dies ist der Fall bei den indeklinabeln Zahlsubstantiven hund und þúsend, welche als Subjekte in der Mehrzahl sich immer mit dem Singular verbinden. Das Prädikat geht indessen immer dem Subjekte voran: þà wäs âgangen tû hund and þrêo . . wintra 1. þer on ríme wäs þrêo M þæra lêoda âlesen tô lâre 284.

3. Ist das Subjekt ein Sammelname in der Einzahl, so steht das Prädikatsverb oft in der Mehrzahl: mô Israhêla æfre ne woldon folc oncnâwan 361. so 48. 138. 272. 833.

4. Wenn das Subjekt ein Relativ ist, so richtet sich das Prädikatsverb in Person und Zahl nach dem Begriffe, welchen das Relativ vertritt; vgl. T. 1. Kap. III. § 5. 4. b.

Eine auffällige Inkongruenz begegnet uns zweimal in der Elene, indem das auf einen Plural bezügliche Subjektsrelativ mit dem Prädikatsverb im Singular verbunden ist: sêlest sigebêacna, þára þe sið oððe ær hâlig under heofenum âhafen *wurde* 975 und mærost bêama, þára þe of eorðan up *âwêoxe* geloden under lêafum 1225.

Das auf ein Kollektiv im Sglr. bezügliche Relativ erscheint öfter im Plural mit dem Prädikat ebenfalls im Plural: ðâ wäs gesamnod of sidwegum mægen unlytel, þâ ðe Moyses æ reccan cúðon 282. 734.

5. Das neutrale substantivierte Demonstrativ þät steht als Subjekt hinweisend auf einen aufzuweisenden noch zu nennenden Gegenstand. Die Attraktion dieses Fürwortes durch das prädikative Substantiv findet sich in der Elene, wie überhaupt im Ags. nicht: þät wäs þrêalic gepôht (m.) 426. nis ðät fæger sið (m.) 911. þät wäs fær (m.) mycel 646.

Ebensowenig kongruiert das neutrale substantivierte Interrogativ hwät: hwät se god wäre 161. hwät sio syn wære (f.) 414; jedoch in Übereinstimmung: *hwät* is *þis*, lâ, manna? 903.

II. Kongruenz des Prädikats im zusammengezogenen Satze, und überhaupt in Beziehung auf mehr als ein Subjekt.

1. Die Subjekte sind im kopulativen Verhältnisse.

a. Die Subjekte stehen voran, und das Verb folgt im Plural: forðan ic, sóðlice, and mîn swæs fäder syðþan gelýfdon 517. 125. 613.

b. Das Verb steht voran und dann richtet es sich nach dem ersten Subjekte: is þäs wuldres ful heofun and eorðe 752. 114. 256. 893. 526.

2. Die Subjekte sind disjunktiv verbunden, das Verb richtet sich nach dem nächsten Subjekte: wære þær ænig yldra oððe gingra 159.

Das Prädikat steht im Plural, wenn oððe statt ond gebraucht ist: þâra, þe wif oððe wer on woruld cendan 508.

§ 2. Die Stellung des Subjekts und des Prädikats.

Die ags. Dichter verfahren in der Stellung der Teile des Satzes mit einer regellosen Freiheit, welche zum Teil bedingt wird durch den Zwang des Verses, durch den eigentümlichen Charakter der ags. Dichtung, die Parallelismen, die Häufung der Synonyma und Attribute, durch die nicht selten sprungweise sich überstürzende Eile der Darstellung, und welche ermöglicht wird durch die zum grofsen Teil erhaltene Unterschiedlichkeit der Flexionsformen. Trotzdem mag es nicht überflüssig sein die Stellung der einzelnen Teile des Satzes zu einander näher zu untersuchen und nach den etwaigen Gründen der jedesmaligen Stellung zu forschen.

I. 1. Im behauptenden Hauptsatze sowohl dem bejahenden als dem verneinenden, kann das Subjekt an der Spitze stehen: hê wäs riht cyning 13. werod samnodan 19. gâras lixtan 23. 29. þâ se câsere heht bannan etc. 42. 51. 52. 53. þær ðû wraðe findest 84. 85. 231. þâ þät lóoht gewât 94. 109. 110. 111. ät þâm se léodfruma fulwihte onféng 191. þâ se äðeling fand 202. 454. nû þû meaht gehýran 511. 619. so 288. 345. 346. 348. 353. 462. 489. 491.

2. Sehr geläufig aber ist das Anheben mit der Personalform des Verb; dies geschieht vorzugsweise, wenn die Erzählung in eine neue Phase tritt, indem sie dann kräftig gleich mit dem Ausdruck der eintretenden Handlung eingeführt wird: fôron fyrdhwate Francan and Hûgas 21. 11. 35. 46. 79. geseah hê frätwum beorht wliti wuldres trêo 88. 91. heht þâ äðelinga hlêo 99. 105. flugon instäpes Hûna lêode 127. 130. gewât þâ heriga helm hâm 148. 150. 153. 195. 196. ongan þâ ôfstlîce eorla mengu tô flôte fŷsan 225. 259. 266. 286. 320. 547. 550. 633. 635. 636. 638. 640. 703. 752. 1130.

3. Die sonst häufige Umstellung prädikativer Bestimmungen vor das intransitive Verb, dem sich das Subjekt anschliefst, ist mir nur einmal aufgestofsen: hâlig is se hâlga hêahengla god 751.

4. Nachdrückliche Voranstellung des Objekts an der Spitze des Satzes hat mehrfach Inversion des Subjekts zur Folge, welches dann meistens hinter die Personalform des Verbs tritt: him wäs hild boden 18. fyrdlêoð âgôl wulf on wealde 27. môdsorge wäg Rômwara cyning 61. eow âcenned bið cniht on dëgle 339. ond me Israhêla äfre ne woldon folc onenâwan 361. 418. 437. 669. 1124. — Das Subjekt steht hinter dem Objekt und vor dem Prädikat: hine god trymede 14. sume wig fornam 131. 136. hio sio cwên ongan wordum genêgan 384.

5. Öfter noch bewirkt eine an die Spitze tretende adverbiale Partikel oder eine präpositionale Bestimmung die Inversion des Subjekts; vgl. jedoch 1. þâ wæron heardingas sweotole gesamnod 25. þær wearð Hûna cyme cûð ceasterwarum 41. 69. 114. 123. 138. 195. 229. 256. 264. 282. 284. 481. 584. 804. 1240. 1267. So verursachen auch negative Partikeln an der Spitze des Satzes Inversion des Subjektes, bei ne tritt sie dann sogar notwendig ein aus dem oben Teil 1. Kap. VI. § 1 S. 342 angegebenen Grunde: ne hŷrde ic 240. 448. 477. 493. 582. 583. 609. 735. 860. 816. 940. — jedoch: nê we geare cunnon 399. näfre ic þâ geþeahte sêcan wolde 468. 538. 779. 780.

II. Im fragenden Hauptsatze, dessen Subjekt nicht ein Interrogativ ist, wird die Inversion des Subjekts Regel: wiðsäcest þû? 663. hû mäg ic þät findan? 632. 456. 643. 159.

III. Imperativsätze lassen das pronominale Subjekt teils folgen, teils vorangehen: wite ðû þê gearwor 946. 81. — þû tô heofenum beseoh 83. nû gé raþe gangaþ 372. 406. 446. 1087. 1173. Der Grund der Voranstellung ist die starke Betonung der Person.

Wunschsätze erscheinen immer mit Inversion: wuldor þäs âge heofonrices god 1124. so 810. 893. 1080. 1229.

IV. In den Nebensätzen herrscht die Voranstellung des Subjektes vor. Ausnahmen sind verhältnismäfsig selten.

1. Subjekts-, Objekts- und indirekte Fragesätze: hû on galgan wearð godes âgen bearn âhangen 179. þâ se äðeling fand, hwær âhangen wäs rodora waldend 205. hû ârfäst is ealles wealdend 512. gelýfdon, þät geþrôwade eallra þrymma god 519. gif þin willa sîe, þät riesje sê, ðe etc. 773.

2. Temporalsätze: þâ wäs âgangen tû hund and þrêo .. wintra 1. swâ þät hâlige trêo âræran heht Rômwara cyning 128.

3. Folgesätze: hû wolde þät geweorðan, þät on þone hâlgan handa sendan fäderas ûsse 456.

4. Relativsätze: be ðâm sigebêame, on ðâm þrôwode þêoda waldend 421. þone unscyldigne hêngon on hêahne bêam fäderas ûsse 423. in þære byrig, þær is brôðor mîn 822. 1014. 1067.

Im ganzen herrscht im Nebensatz die Tendenz, das Prädikatsverb an das Ende des Satzes zu schieben; die wenigen Ausnahmefälle erklären sich durch besondere Gründe.

§ 3. **Die Rektion des transitiven Prädikats.**
(Vgl. 1. Teil, Kap. V. § 1.)

I. Einfache Rektion.

1. Verben mit dem Akkusativ des Objektes, welche in der Elene vorkommen, sind folgende (die, von welchen nur das Particip Perfekt vertreten ist sind durch (P.) bezeichnet): Âbannan 34. âbeodan (entbieten) 87. 1004. âbreotan (zerbrechen) 510. âcennan 5. 178. u. s. w. âcîgan 603. âcweðan 1072. âfêdan 914. âfyrhtan (P.) 56. âgalan 27. 342. âgan besitzen 726. âgifan 167. 455 u. s. w. âhebban 10. 17. 29 u. s. w. âhôn 180. 205 u. s. w. âhýðan 41. âlesan (P.) 286. 380. âlýsan 181. âmerjan (P. läutern) 1312. âmetan 730. 1248. ânforlætan 630. 947. âræran 129. 804. 887. âreccan 635. âsælan (P.) 1244. âsceâdan 470. 1313. âscyrjan (P.) 1313. âsêcan 407. 1019. âseoðan (läutern P.) 1308. âsettan 847. 863. 877. 998. âspyrigean 467. âsundrjan (P.) 1309.

átýdran (P.) 1279. átýwan (P.) 69. áweccan 304. 782. 946. 927. áwendan (P.) 581. áweorpan 763. 771. áwrítan (P.) 91. áþreotan 368. Bannan 45. bebéodan 224. 412 u. s. w. bebúgan 609. beclingan (P.) 696. bedelfan (P.) 1081. bedyrnan 582. 602. befästan (P.) 1213. 1300. befcolan (P.) 196. 937. befón 843. begangan (erfüllen) 1171. begéotan 1248. begitan 1152. begrafan 835. (P.) 974. behealdan 111. 243. 1144. beheljan (P.) 429. 831. behlidau (P.) 1230. belíðan (P.) 878. belúcan 1027. bemíðan 583. béodan 18. 378 u. s. w. berædan (berauben) 498. beréafjan 910. beran 45. 109. u. s. w. bescúfan 943. besettan 1026. besylcan (P.) 697. betæcan 585. bewcorcan 1024. beweotigan (besorgen) 745. bewindan 734. bewrecan (P.) 251. beþeccan 76. 836 u. s. w. beþringan (P.) 950. 1245. biddan 494. 600 u. s. w. bisittan (bei etwas sitzen) 473. bodjan (P.) 1141. brecan 122. bregdan (P.) 257. 759. bringan 873. 996 u. s. w. bryttjan (zerteilen) 579. byldan 1039. Cennan 336. 354 u. s. w. cirran 915. cleopigan 696. 1100. 1319. cnyssan (P.) 1258. cweðan reden 169. 571 u. s. w. cwylman (P.) 688. cýðan 161. 175 u. s. w. delfan 829. déman 303. 311. 500. dón 1175. dréogan 211. 766. 952. 1261. drífan 358. dúfan 122. dyrnan 626. 971. feogan, féon 356. 360. ferjan 108. findan 84. 202 u. s. w. forgifan 144. 164 u. s. w. forlæran 208. forlætan 700. 712 u. s. w. forniman 131. 136. 578. forsécan (P.) 933. forséon 389. 1318. fortyhtan 208. forþryccan (P.) 1277. forþylman (P.) 767. frätwan 1199. fremman 472. 524 u. s. w. freoðjan 1147. fricgan 157. 560 u. s. w. frignan 443. 534 u. s. w. fyllan (fällen, abwerfen) 1041. geácljan (P.) 57. 1129. geacnjan (P.) 341. gearwjan 1000. gebéodan 276. 1007. gebindan 772. 1245. geblissjan (P.) 840. 876 u. s. w. geceosan 607. 1039 u. s. w. gecleensjan 678. 1035. 1311. gecnáwan 708. 808 u. s. w. gecweðan 338. 344 u. s. w. gecýðan 409. 446 etc. gecyrran (P.) 1061. 1265. gedón 784. 1159. geearnjan 526. geefnan 1015. gefästnjan (P.) 1068. gefetjan 1053. 1161. gefrätwjan (P.) 743. gefremman 363. 386 u. s. w. gefricgan 155. gefrignan 172. 1014. gefulwjan (P.) 1044. gefyllan 452. 680 u. s. w. gefýsan (P.) 260. 1270. gegearwjan (P.) 47. 889. geglengan (P.) 90. gehäftan (P.) 613. geheaðrjan (P. einschränken) 1276. gehealdan 192. gehladan (P.) 234. gehýdan (P.) 832. 1092. gehýnan 720. 923. gehýran 333. 364 u. s. w.

gehyrstan (P.) 331. gehyrwan 221. gefwan 74. 102 u. s. w. gelædan 714. gelæstan 1166. 1197. 1208. gelettan 94. gelýfan 518. 796. gemengan (P.) 1296. gemêtan 871. 1013. 1225. gemyltan (P.) 1312. genêgan 385. genemnan (P.) 741. generjan 132. 163. 301. geniman 599. geopenigean 792. 1102. 1231. geotan (P.) 1133. gereccan 649. gerýman 1249. gesamnjan 26. 282. gesceâdan (P.) 149. gescrifan 1047. gescyrtan 141. gesêcan 230. 255 u. s. w. gesecgan 168. gesêðan 582. gesêon 68. 71 n. s. w. gesettan 739. 1055. gespreccan 667. 1285. geswiðrjan (P.) 698. 918. 1264. gesyllan 1284. getæcan 601. 1075. getâcnjan 754. getellan (P.) 2. 634. getengan 200. getimbrjan 1010. getýnan 921. 722. gewælan (P.) 1244. gewendan (P.) 1047. geweorðjan (P.) 263. gewlencan (P.) 1264. gewunjan (bewohnen) 1038. gewyrcan 104. 513. 727. 738. geþencan 313. geþrêan (P.) 321. geþrêatjan (P.) 695. geþringan 40. geþrówjan 519. 563 u. s. w. gifan 360. 365. gildan 493. girwan 1022. hâtan 42. 505. 756 u. s. w. healdan 156. 449 u. s. w. hebban 25. 123. 890. hergan 453. 893 u. s. w. herigean 920. herwan 355. 387. hýdan 218. 1108. hýran 240. 538 u. s. w. îcan (mehren) 905. lædan 241. 691 u. s. w. laðjan 383. 551. 556. læran 173. 191 u. s. w. læstan 368. lætan 237. 250. leornjan 397. lofjan 453. lûcan (P.) 264. lýsan 296. maðeljan 332. 404 u. s. w. mælan 351. 537. mengan 306. metan 1263. mêtan (antreffen) 116. 833. 986. miðan 28. 1099. myngjan 1079. nêgan 287. 559. nemnan 78. 1060 u. s. w. nesan 1004. niman 447. 615 u. s. w. niwigan 941. ôðfästan 477. oferswiðan 93. 958. 1178. onælan (P.) 951. onbindan 1250. onbryrdan (inbryrdan) 842. 1046. oncnâwan 362. 395. 966. oncweðan 324. 573 u. s. w. oncyrran 503. 610. onfôn 192. 238 u. s. w. onginnan 468. ongitan 288. 359. 464. onhyldan (neigen) 1099. onhyrdan (P.) 841. onlihan 1246. onlûcan 1251. onscunjan 370. onsendan 120. 480. 1089. onspannan 86. ontýnan 1230. 1249. onwindan 1250. onwrêon 589. 674 u. s. w. inwrêon 613. ræran 443. 941. 954. reccan 281. 284. 553. reodjan (sieben) 1239. sælan 228. scêawjan 58. 345. scirjan (P.) 1232. scûfan 692. sêcan, sêcean 216. 322 u. s. w. secgan, secggan 160. 190 u. s. w. sellan 182. 527. 1171. sendan 457. 931. 1200. settan 654. 658 u. s. w. staðeljan 427. 797. 1094. stênan 151. strûdan (plündern) 905. tæcan 631. tellan 909. tôweorpan (P.) 430.

tówreccan (P. zerstreuen) 131. tredan 55. 612. trymman (kräftigen) 14. 35. weardjan 135. 1145. webbjan 309. wefan 1238. wegan (tragen) 61. 655. wendan 348. 440. 979. weordjan 891. 1137 u. s. w. weorpan (P.) 1304. wergan 294. wiðhycgan 618. wiðsacan 617. 933. 1122. wiðweorpan 294. witan (vorwerfen) 416. worpjan (P.) 482. 825. wreccan 106. wrêon 582. wriðan (P.) 24. wrixlan 759. wyrcan 470. 827. u. s. w. wyrdan 904. ymbsellan (P.) 742. þafjan (sich in etwas finden) 608. þêon (begeben) 403. þerscan 358. þicgan 1259. þoljan 770. þrêan (P. bestrafen) 1296. þrówjan 421. 769. þurhdrifan (P.) 707. þurhgêotan (P.) 762.

2. Verben, welche den Genetiv regieren.[1]) Der Genetiv steht:

a. Bei Verben der Gemütsbewegung und überhaupt einer geistigen Thätigkeit zur Bezeichnung des Grundes derselben: *gefêon* sich freuen: hrefn weorces gefeah 110. 849. cwên siðes gefeah 247. *giman* sich kümmern: þät he hlâfes ne gîme 616. *myndgjan* sich erinnern: wê þäs hereweorces myndgjaþ 656. *myngjan* mahnen: mec þâra nägla myngaþ 1078. *wênan* erwarten, fürchten: rices ne wênde 62. hwær hê þâra nägla wênan þorfte 1103. wênde him trâge hnâgre 668. *áþrêotan* verdrielsen: êow þäs lungre âþrêat 368. *þancjan* danken: gode þancode, þäs hire se willa gelamp 962. 1139.

b. Bei Verben des Ermangelns, Bedürfens, Aufhörens, Beraubens: *beþurfan* bedürfen: wisdômes beðearf, worda wärlicra and witan snyttro, sê ðære äðelan sceal andwyrde âgifan 543. *geswîcan* aufhören, ablassen von: (gif wê) þäs unrihtes geswicaþ 516. *berêafjan* berauben: hafað mec berêafod rihta gehwylces 910. *geclænsjan* reinigen: gold, þät in wylme bið womma gehwylces eall geclænsod 1310. *ásceádan* scheiden: ic mec âscêd þâra scylda 470. 1313.

c. Bei den Verben des Geniefsens, Besitzens, Erwartens, Verfolgens, überhaupt wo ein teilweises Ergriffensein des Objektes durch die Thätigkeit bezeichnet werden soll: *brûcan* geniefsen: yrfes brûcaþ 1320. môton sybbe brûcan, êces êadwelan 1315. 1251. *nâgan* nicht haben: nâhton foreþances (?)[2]) 356. *wealdan* walten: þäs ðû wealdest 760. (þät hê) walde wuldres

---
[1]) Vgl. Koch p. 95 ff.
[2]) In der ersten Aufl., die zweite hat foreþancas.

801. *benugan* zur Verfügung haben: þonne hê bêga beneah 618. *nêosan* besuchen: com þâ wigena hlêo burga nêosan 150. *êhtan* verfolgen: êhton elþêoda 139. ic âwecce wið ðé ôðerne cyning, sê êhteð þîn 927. *gefýsan* bereiten: wæron æscwigan siðes gefýsde 259. (vgl. fýsan mit tô 980). *bîdan* erwarten: cêolas lêton bîdan beorna geþinges 250. *friccgan* fragen: þâ þæs fricggan ongan folces aldor 157. *oncweðan* antworten: þät hio þære cwêne oncweðan meahton swâ tiles, swâ trâges 324. *gelimpan* in Erfüllung gehen: swâ hit eft gelamp ðinga gehwylces 1155.

d. Bei dem Verb sein zur Bezeichnung der Eigenschaft: hê is for corðan æðeles cynnes 591.

3. Verben mit dem Dativ:

a. Verba, welche ihr Objekt im Dativ bei sich haben: *onfôn* empfangen: hê þâm næglum onfêng 1128 (sonst mit Akk.) *sceððan* schaden, bedrängen: êow sêo wergðu sceðþeð scyldfyllum 309. þâ ðät gehýrde, sio þær häleðum scêad (?) 709. *wiðrêotan* widerstreiten: gê þâm ryhte wiðroten häfdon 369. *wiðsacan* widerstreiten: hê þînum wiðsôc aldordôme 767. 390. 663. 1040. *beorgan* retten: feore burgon 134. *þingjan* Fürsprache thun für: his caldfeondum þingode 493. *fylgan* folgen: gê gedwolan fylgdon 371. *gefylgan* folgen: gif gê þissum lêase leng gefylgað 576. *hýran* hören auf, gehorchen: Moyse sägde, hû gê heofoncyninge hýran sceoldon 366. 839. 934. 1210.

b. Intransitive Verben haben mehrfach die bei der Thätigkeit interessierte Person im Dativ bei sich: *bêon, wesan* mit dem Dativ bedeutet besitzen, haben: ðâm wäs Jûdas nama 418. 437. 530. 750. ond wäs Jûdêum gnornsorga mæst, þät u. s. w. 977. *weorðan* gereichen und werden: hê manegum wearð mannum tô hrôðer 15. þâ ðâm cininge wearð môd geblissod, ferhð gefêonde 989. *gelimpan* geschehen: gif þê þät gelimpe 441. þät hire se willa gelamp 962. *þincan* dünken, scheinen: þûhte him 73. hwät êow þæs sêlest þince 532. dô, swâ þê þynce 541. 1165. *oðýwan* erscheinen: þe mê swâ lêoht ôðýwde 163.

c. Eine Reihe von transitiven Verben gestattet oder fordert neben dem Sachobjekt im Akkusativ noch ein Personenobjekt im Dativ auf die Frage wem? oder für wen?: *âcennan* 339. *âgifan* 167. 455 u. s. w. *ätýwan* 69. *âwendan* 581. *bebêodan* 224 u. s. w. *bêodan* 80. 972. 1212. *behlidan* verschliefsen 1230. *behýdan* 792.

bodjan verkünden 1141. bringan 873 u. s. w. cennan 586 (in der Bedeutg. beilegen). cýðan verkünden 161. 318. 661. 671 u. s. w. dôn 1175. dyrnan 626. 691. fremman 471. 298. forgifan 144 u. s. w. gecŷðan 409. 588 u. s. w. gefremman 363. 386. 402 u. s. w. gefyllan 452. 680 u. s. w. geŷwan (zeigen) 183. 488 n. s. w. getæcan 601. 1075. gifan 360. 365. mælan 537 (mit einem reden; vgl. tô bei cleopigan, maðeljan, âcweðan): him þâ tôgênes þâ glêawestan wordum mældon: nœfre etc. 536 ff. oncyrran 503. oncweðan 573. 669. 682. 935. 1167. onwrêon 589. 1243. ôðfæstan (zufügen) 477. secgan 160 u. s. w. sellan verleihen 182. 527. sendan 931. 1200. 457. settan 494. wîtan vorwerfen 416. wyrcan 470. Dazu kommen noch drei Verben, welche ihr Sachobjekt im Genetiv bei sich haben: wênan 668. oncweðan 324. þancjan, danken: 962. 1139, und hwôpan 81 mit dem Instrumentalis der Sache.

4. Verba mit dem Instrumentalis. Das Objekt steht im Instrumentalis bei folgenden Verben: *wealdan* walten: ne mäg tefre ofer þät Ebrêa þêod dugnðum wealdan 448. *spôwan* Erfolg haben in: ne môt ænige nû rihte spôwan 917. *hwôpan* drohen: þêah þê elþêodige egesan hwôpan 81. *berœdan* berauben; hie unscyldigne feore beræddon 496. *beliðan* berauben: heht þâ âsettan sâwllêasne, life belidenes lîc 879.

Zusatz. Verba, welche mit zwei verschiedenen Rektionen vorkommen, sind: wiðsacan mit Akk. und Dat. onfön mit Akk. und Dat. wealdan mit Gen. und Instrum.

II. Doppelte Rektion.

1. Der doppelte Akkusativ. Bei manchen transitiven Verben wird dem Gegenstand, auf welchen die Thätigkeit gerichtet ist, eine prädikative Bestimmung beigegeben, welche die Thätigkeit mit erleidet, so dafs sie durch die Thätigkeit an dem Objekte hervorgebracht wird. Die prädikative Bestimmung kann ein Substantiv, Adjektiv oder Particip sein. Das Nähere s. § 5.

2. Ein Akkusativ der Person und ein Genetiv der Sache steht bei mehreren oben I. 2. schon genannten Verben: âsceâdan, âþrêotan, berêafjan, geclænsjan, gefŷsan, myngjan.

3. Ein Akkusativ der Sache neben einem Dativ auf die Frage wem? oder für wen? steht bei den Verben, welche oben I. 3. c. aufgezählt sind.

4. Ein Dativ der Person mit einem Genetiv der Sache findet sich bei þaucjan (oben I. 2. a.) und wénan, onewèðan (I. 3. c.)

5. Ein Dativ der Person mit dem Instrumentalis der Sache bei hwôpan (I. 3. c.).

6. Ein Akkusativ der Person und Instrumentalis der Sache bei berǽdan und belíðan.

§ 4. Die Stellung des Objekts zu dem Prädikate.

Ebenso wie die Stellung des Subjektes ist auch die des Objektes eine nach Bedürfnis sehr freie und wechselnde. Das Objekt kann vor oder nach dem Prädikate stehen, wobei das Subjekt unabhängig davon vor oder nach dem Prädikate seine Stelle findet (vgl. § 2.).

I. Die Stellung des Objekts in Hauptsätzen.

1. Das Objekt steht vor dem Prädikate: hine god trymede 14. him wäs hild boden 18. 25. fyrdleoð âgôl wulf on wealde, wälrûne ne máð 27. woldon Rômwara rîce geþringan 40. 45. mearh moldan träd 55. môdsorge wäg Rômwara cyning, rices ne wênde 61. ðû feond oferswîðesð 92. 104 ff. 110. 118. 122. 131 f. 134. 135. 136. 166. 191. 200. 211. 214. 247. 250. 288. 293. 326. 335. 338. 342. 344. 360. 361. 364. 368. 369. 371 u. s. w.

2. Das Objekt folgt dem Prädikate: hôfon hereeumbol 25. häfde wigena tô lyt 63. ne ondræd þû ðê 81. on feonda gemang beran beacen godes 109. brǽcon bordhrêðan 122. êhton elþeoda 139. 234. 239. 314. 323. 333. 349. 353. 354. 355. 356. 359. 360. 370. 379 u. s. w.

II. Die Stellung des Objekts in Nebensätzen.

In Nebensätzen steht das Objekt meistens vor dem Prädikate nach der Weise des Deutschen. Ausnahmen sind nicht häufig: him wäs lêoht sefa, þät hie cyðan môston godspelles gife, hû etc. 173. georne sôhton þâ wisestan wordgeryno, þät hio þære ewêne oneweðan meahton swâ tiles swâ tráges, swâ hio him etc. 322. wê þät gehŷrdon þurh hâlige bêc, þät êow dryhten geaf dôm unscyndne 364 u. s. w.

Die Gründe für die Abweichungen von der gewöhnlichen Stellung sind entweder metrischer Art, wie wohl im letzten

Beispiele, oder syntaktischer, indem eine zu dem Objekte tretende nähere Bestimmung, ein indirekter Fragesatz oder Relativsatz u. s. w., die Umstellung des Objektes verlangt.

§ 5. Das Prädikatsnomen.

Die prädikative Ergänzung ist entweder ein Substantiv, oder ein Adjektiv, oder ein Particip.

A. Das Substantiv als Prädikatsbestimmung erscheint:

I. Bei den Verben des Seins und Werdens und bei Passiven im Nominativ, in Übereinstimmung mit dem Subjekt auch im Numerus.

1. Verba des Seins und Werdens: hê wäs riht cyning 13. wæron hwate weras 22. cwædon, þät hit heofoncyninges tâcen wære and þäs tweo nære 170. wäs him frôfra mæst and hyhta hihst heofonrices weard 196. þät wäs þrealic gepôht 426. þät hê Crist wære 460. hê is witgan sunu 591. þät wäs fær mycel 646. gif hê þin nære sunu 775. gif hit sie willa þin 789. þät ðû hælend eart middangeardes 809. nis þät fäger sið 911. ûr wäs geâra geogoðhádes glæm 1266. ðâm wäs Jûdas nama 418. 437. 530. 586. — þät we ðäs morðres meldan ne weorðen 428.

2. Passiva: þurh þâ illcan gesceaft, þe him geŷwed wearð sigores tâcen 183 (Grimm liest hier tâcne). he wäs sanctus Paulus be naman haten 504. nû ic þê biddan wille, nû ic wât, þät ðû eart gecŷðed ond âcenned allra cyninga þrym 814.

II. Bei transitiven Verben; es kongruiert im Kasus und Numerus mit dem Objekte: þät hê þone stân nime wið hungres hleo 615. syndon tû on þâm, þe man seraphin be naman hâteð 755. (hê) hine Cyriacus nemde 1059. ðäs geleafan, þe hio swâ leohte onencow wuldorfäste gife 966.

Über den Gebrauch von tôs tatt des prädikativen Nominativs bei weorðan und Passiven und des Akkusativs bei Aktiven vgl. T. 1, Kap. VI. § 1. Präp. tô 3.

B. Das Adjektiv als Prädikatsbestimmung steht:

I. Bei intransitiven Verben und zwar:

1. bei sein und werden. Das prädikative Adjektiv hat

a. im Positiv starke Flexion, dieselbe ist jedoch nur im Femininum des Sgl. und im Pl. noch in besonderen Endungen erkennbar, im Mask. und Ntr. des Sgl. sind die Endungen abgestoſsen:

α) Das Maskulinum. Sgl. wäs se lindhwata léodgebyrga corlum árfäst 12. 512. wearð Húna cyme cúð 41. hé wäs gearu 85. him wäs léoht sefa 173. 990. ðá wäs orenäwe idese siðfät 229. wäs gesýne sinegrim 264. sê (nama) is unâsecgendlìc 465. hê is bald 591. him wäs geômor sefa 627. ic þes heſt tô ðán strang, þes þroht tô ðäs heard 702. hálig is se hâlga héahengla god 751. is þäs wuldres ful heofun and eorðe 752. is in witum fäst ealre synne fruma 771. þät ðû má ne sic minra gylta gemyndig 817. þäs hê wære wið þec héold 823. ic hyhtful gewearð ond nû gehýned eom, góda gèasne, fáh and fréondléas 922. him wearð èce rex milde 1042. wyrd gescräf, þät hê swâ geléafful and swâ léof gode wcorðan sceolde 1047. ic wäs weorcum fáh 1243. him bið engla weard milde and blíðe 1316. 1275. — Plural. wigan wæron blíðe, collenferhðe 226. gè wyrðe wæron wuldorcyninge, dryhtne dyre and dædhwäte 290. Héo wæron gearwe 555. héo wæron stearce 565. (näglas) þá ðe déope bedolfen dierne sindon 1080.

β) Das Femininum. Sgl. Elene ne wolde sæne weorðan 219. (Elene) wäs sona gearu 222. ðâ wäs éðgesýne brogden byrne 256. wäs Elene gemyndig, þriste on geþance þéodnes willan, georn on môde 266. ne wê geare cunnon, þurh hwät þú ðus hearde, hlæfdige, ús corre wurde 399. is þréanýd þäs þearl 704. þær bið á gearu wraðu 1029. hio wäs siðes fús 1219. — Für den Pl. habe ich kein Beispiel gefunden.

γ) Das Neutrum. Sgl. þá wäs gesýne, þät etc. 144. wäs Cristes lof þäm cäsere gemyndig 212. him gebyrde is, þät etc. 593. hit wäs déad, lic legere fäst 882. wäs þâm folce ingemynde wundor 895. is his rice bráde 917. wäs gefrége mære morgenspel 968. þät is gedafenlic, þät etc. 1168. þät manigum sceall mære weorðan 1176. cûþ þät gewyrðeð 1192. feoh æghwám bið læne 1270. — Plural. þê synt tû gearu 605.

b. Im Komparativ flektiert das Prädikatsadjektiv nur schwach.

α) Das Maskulinum. Sgl. cyning wäs þý blidra and þé sorgléasra 96. him nænig wäs ælærendra óðer betera 505. sefa wäs þé glädra 956. — Plural. héo wæron stearce, stane heardran 565.

β) Das Femininum fehlt.

γ) Das Neutrum. Sgl. þê synt tû gearu, swâ lîf, swâ dêað. swâ þê lêofre bið tô geecósanne 605.

c. Der Superlativ hat im prädikativen Gebrauche starke Flexion, stöfst aber die singularen Endungen ab: wäs him frôfra (f.) mæst and hyhta (m.) hihst heofonrices weard 196. ond wäs Jûdêum gnornsorga (f.) mäst, wyrda (f.) lâðost, þät etc. 977. him gemetgaþ eall eldes lêoma, swâ him êðost bið, sylfum geseftost 1293.

2. Bei sonstigen Intransitiven und bei Passiven. Das Adjektiv schwankt nicht selten zwischen dem Verhältnisse einer Apposition zum Subjekte und dem einer Bestimmung der Thätigkeit. Die Flexion ist wie bei 1.

a. Der Positiv.

α) Das Maskulinum. Sgl. gewât þâ heriga helm hâm hûðe hrêmig 148. (se god) þe mê swâ lêoht ôðȳwde 163. þæm, þe on wêstenne mêðe and metelêas morland trydeð 611. hê duguða lêas siomode 693. 1083. glädmôd êode (bisceop) 1096. þonne hê (wind) hlûd âstigeð 1273. — Plural. stôpon stiðhidige 121. þrungon prächearde 123. hæðene fêollon friðelêase 126. Sume healfcwice flugon on fästen 133. fearoðhengestas gearwe stôdon 226. êodan þâ on gerûm rêonigmôde, gehðum geômre 320. êodan môdewânige, collenferhðe 377. geômormôde smêadon 413. geômormôde lêodgebyrgean tô hofe êodon 555. forðan hîe nû on wlite scînaþ englum gelîce 1319.

β) Das Femininum. Sgl. ond hwäðre geare nyste, hwær sîo hâlige rôd lêodum dyrne wunode 720. cwên bald reordode 1073. — Pl. fehlt.

γ) Das Neutrum. Sgl. sêlost sigebêacna, þâra þe sið oððe ær hâlig under heofenum âhafen wurde 975. hord, þät gehȳded duguðum dyrne, dêogol, bideð 1092. bið þät bêacen gode hâlig nemned ond sê hwâtêadig, sê etc. 1194.

b. Der Komparativ (Flexion wie 1. b.): ðâ cwom semninga sunnan beorhtra lâcende lîg (m.) 1110.

c. Der Superlativ: Landes frätwe (f. pl.) gewitaþ under wolcnum winde gelicost 1271. hwät him þäs sêlost þûhte 1165. 532.

II. Bei transitiven Verben. Das prädikative Adjektiv stimmt mit dem Objekte im Genus, Numerus und Kasus überein; es ist stark flektiert: sägdon hinc sundorwîsne 588. nû cwom elþêodig,· þonc ic ær on firenum fästne talde 909. þät þê se mihtiga cyning bescûfeð in sûsla grund dômes leasne 942. hie sceolon neorxnawang (m.) ond lifes treo (n.) hâlig healdan (hâlig kongruiert mit trêo 756. (vielleicht auch 88.)[1]) — heht þâ tôsomne, þâ hêo sêleste mid Jûdêum gumena wiste 1202.

C. Die Participien als Prädikatsbestimmung.

AA. Das Particip des Präsens:

I. Bei intransitiven Verben, und zwar:

1. Bei sein und werden, s. Teil 1. Kap. V. § 2. I.

2. Bei sonstigen Intransitiven. þâ þý þriddan däg lifgende âräs 485. (wind) wêdende färeð 1274. gesæton sigerôfe rædþeahtende 868. stôpon þâ tô ðære stôwe stîðhycgende 716.

II. Bei transitiven Verben. Beispiele fehlen.

BB. Das Particip des Perfekts:

I. Bei intransitiven Verben, und zwar:

1. bei sein und werden. Die Participien des Perfekts transitiver Verben werden in der Verbindung mit bêon, wesan und weordan zur Bildung des Passivs verwendet, vgl. Teil 1. Kap. V. § 2. II: die Participien des Perfekts intransitiver Verben erscheinen mit bêon und wesan verbunden in den zusammengesetzten Zeiten dieser Verben; vgl. ibd. § 3. II.

Im Folgenden gebe ich mit Rücksicht auf die Flexion der prädikativ gebrauchten Participien eine vollständige Übersicht der in der Elene vorkommenden Fälle, ohne in Bezug auf das Hülfsverb zu scheiden.

a) Das Maskulinum. Sgl. þäs þe wealdend god âcenned wearð 5. hê wearð âhäfen 9. 56. 57. 69. 70. 91. 123. 141. 176. 192. 205. 217. 335. 339. 444. 481. 492. 505. 542. 633. 639. 687. 707. 751. 772. 814. 815. 822. 824. 826. 841. 861. 875. 886. 918. 923. 949. 961. 990. 1035. 1123. 1126. 1132. 1136. 1153. 1193. 1212. 1227. 1232. 1244. 1245. 1258. — Plural:· wæron heardingas gesamnod 25. wæron Rômware gegearwod 47. wurdon heardingas wîde tôwrecene 130. þâ þurh

---

[1]) geseah hê frätwum beorht wliti wuldres trêo ofer wolcna hrôf golde geglenged 88.

fulwihte lærde wæron 172. swâ fram Siluestre lærde wæron 190 wæron âscwîgan sîðes gefýsde 259. hêo tô salore laðode wæron 383. þâ hîe laðod wæron 556. þâra on hâde sint syx genemned, þâ ymbsealde synt mid syxum êac fiðrum, gefrätwad fägere scînaþ 740. þâ äðelestan (sc. näglas) hýdde wæron 1107. hîe wæron âcyrred 1120. nû synt geârdagas forð gewitene 1267. (nû synt) flôdas gefýsde 1270. þe hire on wurdon âtýdrede 1278. 1296. hîe worpene bêoð 1304. hîe âsodene bêoð 1308. — Das Maskulinum im Sgl. ist ohne Flexionsendung, im Plural haben die starken Participien auf ~ en immer die Flexionsendung ~ e, die schwachen auf ~ d werden meist ebenso behandelt, nur einige Fälle zeigen Flexionslosigkeit (vgl. z. B. laðode 383 und laðod 556).

b) Das Femininum. Sgl. him wäs hild boden 13. hild wäs gesceâden 149. þurh þâ ilcan gesceaft, þe him geýwed wearð 183. swâ þäs môdor ne bið wästmum gêacnod 340. be þære rôde, þe wäs bedyrned 601. 840. 884. 973. 994. 1143. 1225. 1229. 1265. 1269. — Plural: þý läs tôworpen sîen frôd fyrngewritu (n.) and þâ fäderlîcan lâre (f.) forlêten 430. — Das Particip des Perfekts zeigt also im Sgl. und Pl. immer unveränderte Endung.

c) Das Neutrum. Sgl. þâ wäs âgangen tû hund and þrêo etc. 1. bêacen, þät him geiewed wearð 101. on galgan wearð godes âgen bearn âhangen 179. wäs gesamnod mägen unlytel 282. þät bearn wealdendes cenned wære 391. hwær þät hâlige trêo beheled wurde 429. þê bið êce lîf, sêlust sigelêana scald 526. êow þät lêas sceal âwended weorðan tô woruldgedâle 580. 649. 671. 851. 890. 918. 976. 985. 1138. 1141. — Plural: þý läs tôworpen sîen frôd fyrngewritn 430. — Das Particip des Perfekts im Neutrum zeigt also im Sgl. wie im Pl. volle Flexionslosigkeit.

2. Bei anderen Intransitiven: gewât þâ heriga helm hâm eft þanon hiiðe hrêmig, wigge geweorðod 148. hû mäg þæm geweorðan, þe on wêstenne mêðe and meteleâs môrland trydeð, hungre gehäfted 611. siomode in sorgum VII. nihta fyrst hungre geþrêatod 694. hê sôna ârâs gâste gegearwad 889. on fýrbäðe süslum beþrungen syððan wunodest âde oneled 949. þûhte him wlitescýne on weres hâde hwit and hîwbeorht häleða nâthwyle

geŷwed 72. éodan þá on gerûm réonigmôde eorlas æcléawe egesan geþréade 320. þät Cristes rôd fyrn foldan begräfen funden wære 973.¹)

II. Bei transitiven Verben erscheint das Particip des Perfekts als Akkusativ des Prädikats in Übereinstimmung mit dem Objekte: sefa wäs þê glädra, þäs þe hêo gehŷrde þonne hellesceaþan oferswiðedne 956. (Die Lesart ist zweifelhaft, Grein liest oferswiðende.) ongan þá wilfägen äfter þám wuldres tréo eorðan delfan, þät hê on XX. fôtmälum feor funde *behelede*, under neolum niðer nässe ge*hŷdde* in þêostorcofan — hê ðær III mêtte in þám réonian hofe rôda ätsomne gréote *begrauene* 828—835. (Ich halte das Ganze für ein Anakoluth, funde wird durch mêtte wieder aufgenommen, III rôda gehört als Objekt ebenso zu funde wie zu mêtte und als Prädikatsbestimmungen erscheinen behelede, gehŷdde einerseits, begrauene andererseits.)

Über habban mit dem Partic. d. Perf. vgl. T. 1. Kap. V. § 3.

Kapitel II.
Syntax der möglichen Satzteile.

§ 1. Das Adverb.

Hinsichtlich der Stellung der Adverbien waltet eine grofse Freiheit. Ich gebe im Folgenden Beispiele aller möglichen vorkommenden Stellungen, ohne jedoch eine Zusammenstellung für das ganze Gedicht zu beabsichtigen, nur um die Unbeschränktheit der Sprache hinsichtlich dieses Punktes zu zeigen.

1. Das Adverb steht nach dem Prädikatsverb: mägen samnode *cáfe* tô céase 55. wäs se blâca béam bôcstâfum âwriten *beorhte* and *léohte* 91. bŷman sungon *hlúde* for hergum 109. lythwôn becwom Hûna herges *hâm eft þanon* 142.

2. An der Spitze des Satzes, wobei oft Inversion des Subjektes eintritt; vgl. Kap. I. § 2. Selbstverständlich ist diese Stellung bei relativen und interrogativen Adverben: þá wäs syxte geâr 7. 25. 42. þær wearð Hûna cyme cûð 41. 87. 109. 189. 95.

---

¹) þe geond lyft farað léohte bewund*ene* 734, ist bewund*ene* vielleicht auch prädikativ aufzufassen.

3. Zwischen Prädikat und Objekt: se cásere heht beran *út* þräce 45. þäs þe hie féouda gefür fyrmest gesægon 68. 116. 121.

4. Sehr oft zwischen Subjekt und Prädikat, d. h. je nach der Stellung des Subjekts vor oder nach dem Prädikat: hrefen úppe gôl 52. þonne hê ær oððe sið gesêge 74. (béacen) þät him on heofonum ær geiewed wearð 101. flugon instäpes Hûna léode 127.

5. Zwischen Subjekt und Objekt: sume unsofte aldor generedon 132. þâ ðe déoplicost dryhtnes gerýno reccan cúðon 281.

6. Zwischen dem Hülfszeitwort und Particip, oder dem Verb und der prädikativen Bestimmung: þâ wæron heardingas sweotole gesamnod 25. wæron Rômware sôna gegearwod 46. hê wäs sôna gearu 85. wurdon heardingas wide tôwrecene 130. þät yldum wäs lange behýded 791.

7. Wenn das Adverb dazu dient einen einzelnen Begriff zu bestimmen, so steht es gewöhnlich vor, aber auch nach diesem: häfde wigena *tô* lyt 63. cyning wäs *þý* bliðra and *þé* sorgléasra 96. — ne ful geare cúðon 167. þeodewên ongan þurh gástes gife georne sêcan *nearwe geneahhe*, tô hwan etc. 1158. Das Adverb ne steht daher immer vor dem Verb, s. o. rices ne wénde 62.

Aus dieser Darstellung der möglichen Stellungen ergiebt sich wieder die schrankenlose Freiheit der ags. Wortstellung, jedoch ist die Tendenz, das Adverb in die Nähe des Verbs zu rücken, nicht verkennbar. Vgl. noch unten § 2.

§ 2. Die adverbiale Bestimmung.

Die im Prädikate liegende Thätigkeit wird näher bestimmt entweder durch Adverbien, oder durch Substantive, deren Beziehung zur Handlung durch Präpositionen vermittelt wird (vgl. 1. Teil, Kap. VI. § 1), oder durch blofse Substantive in einem obliquen Kasus.

1. Der Genetiv eines Substantivs dient zur Angabe der Zeit einer Thätigkeit: ongan þâ dryhtnes æ *däges* ond *nihtes* georne cýðan 198. Dieser Genetiv erscheint vollständig adverbial, vgl. Teil 1. Kap. VI. § 2.

2. Am häufigsten dient der Dativ als adverbiale Bestimmung, und zwar als lokale, temporale, instrumentale und modale.

a. Der Dativ steht als lokale Thätigkeitsbestimmung auf die Frage wo?: (hê) geare nyste, hwær sio hâlige rôd þurh lêondes searu *foldan* getýned lange *legere* fäst wunode *wälreste* 719. Lîc (wäs) legere fäst 883. *brêostum* onbryrded 1095. (þâ) hêoldon *higeþancum* häleða rædas 156. nihtes *nearwe* nysse ic gearwe be ðære rôde riht 1240. lige befästed 1300. Auch von Zuständen: (gê) gedwolan lifdon, þêostrum geþancum 311. — Der Dativ steht auch zur Bezeichnung der Linie, auf welcher eine Bewegung stattfindet: þâ his môdor hêt fêran *foldwege* tô Júdêum 214. — Ein lokaler Dativ auf die Frage wohin? scheint zu liegen in: ne meahton him swâ disige dêað ôðfästan weras wonsælige, swâ hie wêndon ær, *sârum* settan 477.

b. Im Dativ stehen temporale Thätigkeitsbestimmungen auf die Frage wann?: þâ wêregan nêat, þe man daga gehwâm drîfeð ond þirsceð, ongitaþ hira gôddênd 357. geârdagum 290. 835. dôgorgerîmum 780. geâra hwyrftum 1. wintra gangum 663. geâra gongum 648. wyrda gangum 1256. Manche dieser Dative sind zu Adverbien verhärtet: stunde sogleich 723. tîdum 1249 in den Stunden, allmählich, þrâgum 1239 lange, stundum nach und nach 232, hwîlum einst 1252 (zweifelh. L.); vgl. a. a. O.

c. Der Dativ dient sehr oft zur Angabe des Mittels der im Prädikate ausgedrückten Thätigkeit, mögen es Personen oder Sachen sein: hê of slæpe onbrägd eofur*cumble* beþeaht 75. Stephanus wäs stânum worpod 492. 509. 824, so noch wæpnum 48. mærðum and mihtum 15. wordum and bordum 24. ĉorodcestum 36. egsan geâclad 57. 82. 83. 321. 1129. frätwum beorht 88. golde geglenged 90. 331. bôcstâfum âwriten 91. þrymme geweorðad 177. 189. 208. þâ gehlôdon hildesercum, bordum and ordum, byrnwigendum, werum and wîfum wäghengestas 234. ne geald hê yfel yfele 493, vgl. 251. 340. 341. 414. 452. 547. 613. 685. 687. 691. 696. 697. 720. 730. 734. 735. 745. 748. 750. 757. 760. 767. 835. 836. 884. 889. 893. 920. 933. 950. 951. 962. 1020. 1024. 1026. 1027. 1070. 1071. 1076. 1082. 1135. 1148. 1223. 1236. 1243. 1244. 1245. 1276. 1277. 1296 1298. 1319.

Ein formelhafter Dativ wordum findet sich oft bei den Verben, welche eine Gedankenäußerung bezeichnen: 169. 287. 351. 385. 529. 537, 559. 589. galdrum 161. — Im Dativ kann auch die Angabe des Urhebers einer durch ein passives Verb ausgedrückten Thätigkeit gemacht werden: sigerôfum (wearð), gesegen swefnes wôma 70.

Ein Dativ des Mittels ist auch der häufig bei militärischen Ausdrücken gebrauchte, analog dem lateinischen Ablativ eines Substantivs mit einem Adjektiv: cyning þrèate för, herge tô hilde 51. 32. 41. 215. 217. wæges welm werode gesôhte 230. secga þreate 271. 274. 873. 1096. engla weorude 1281.

Hierher gehört endlich der Dativ eines Substantivs, welches den Grund, die Veranlassung der Thätigkeit angiebt: hwær âhangen wäs rodora waldend äfstum þurh inwit 205. (gê) inwitþancum wroht webbedan 308. gê blindnesse bôte forségon 389. 322. 359. wite ðû þe gearwor, þät ðû unsnyttrum ânforlête leohta beorhtost 946. 1285. sôðfästnesse 1149. häleða geræduin (auf Veranstaltung d. H.) 1054. 1108. hie for äfstum unscyldigne Sâwles lárum feore beræddon 496.

d. Der Dativ eines Substantivs dient zur Angabe der Art und Weise, in der die Thätigkeit vor sich geht: hie se câsere heht *öfstum myclum* eft gearwjan sylfe tô siðe 999. 44. 102. nû ðû hrädlice *eallum êaðmêdum* þine bêne onsend 1087. 1101; öfter erlangen Dative dieser Art ganz die Bedeutung von Adverbien: mærðum wunderbar 871. lustum gern 702. 1251. willum freudig 1252. wundrum wunderbar 1238. — Als einen Dativ der Art und Weise kann man auch den des begleitenden Nebenumstandes bezeichnen: hwær âhangen wäs heriges *bearhtme* rodora waldend 205. werodes breahtme 39. hû on galgam wearð godes âgen bearn âhangen heardum witum 179.

Im Dativ steht die Angabe der Zahl, wie oft eine Thätigkeit vor sich geht: minra gylta, þâra þe ic gefremede nalles feam siðum 818. niwan stefne = ein neues Mal, von neuem 1061. 1128.

3. In beschränktem Mafse erscheint in der Elene das Substantiv im Akkusativ als adverbiale Bestimmung. So zunächst zur Angabe der Zeitdauer: here wicode ymb äðeling êgstrêame neáh *nihtlangne fyrst* 65. *þrêo niht* in byrgenne bidende wäs 483. þäs ðû, god dryhten, wealdest widan fyrhð 760. (þät hê) walde widan ferhð wuldres on heofenum 801. Adverbial verhärteter Akkusativ ist hwile lange 582. 625. Auf die Frage wann? steht

sume hwile 479: þeah hê sume hwile on galgan his gast onsende 479.

4. Ein Instrumentalis erscheint zur Bestimmung eines Zeitpunktes: hû þý þriddan däge of byrgenne beorna wuldor árâs 185. þâ þý þriddan däg lifgende árâs, und bei militärischen Ausdrücken: þät hio Jûdêa ofer herefeldas hêape gecoste lindwîgendra land gesôhte 268.

Die Stellung der adverbialen Bestimmung innerhalb des Satzes ist eine ebenso bewegliche, wie die des Adverbs. Einige Beispiele mögen dies zeigen, vgl. § 1.

1. Die adv. Bestimmung folgt dem Prädikatsverb: þäs þe wealdend god âcenned wearð in middangeard þurh mennisc hêo 4. hine god trymede mærðum and mihtum 14. äðelinges wêox rîce under roderum 12. fyrdlêoð âgôl wulf on wealde 27. fêðan trymedon êoredcestum 35.

2. Sie steht an der Spitze des Satzes: wordum ond bordum hôfon herecumbol 24. on Rômwara rices ende ymb þäs wäteres stäð werod samnode 59.

3. Zwischen Subjekt und Prädikat: hê Rômwara in rîce wearð âhäfen 9. cyniug þreate fôr 51. þær hê on corðre swäf 70. þû tô heofenum beseoh 83.

4. Zwischen Hülfszeitwort und Prädikat, oder Verb und Prädikatsbestimmung: þâ wearð on slæpe sylfum ätýwed þâm câsere swefnes wôma 69.

5. Die Art, in welcher mehrere adverbiale Bestimmungen im Satze verteilt werden, mögen einige Beispiele zeigen: fêðan trymedon êoredcestum, þät *on älfylce* dearcðlâcende *on Danûbie* stärcedfyrhðe *stæðe* wîcedon *ymb* þäs wäteres wylm *werodes breahtme* 35. þâ se câsere heht *ongeân gramum* gûðgelæcan *under earhfäre ôfstum myclum* bannan *tô bêadwe* 42. here wîcode *ymb äðeling êgstrêame nêah on nêaweste nihtlangne fyrst* 65. *mid þýs bêacne ðû on þâm frêcnan fære* fêond oferswîðesð 93. *On þät fäge folc* flâna scûras, gâras *ofer geolorand on gramra gemang* hetend heorugrimme, hildenädran *þurh fingra gewealdfort* onsendan 118. þeodcwên ongan *þurh gâstes gife georne* sêcan *nearwe genealhhe*, tô hwan hio þâ näglas *sêlost* and *dêorlîcost* gedôn meahte 1156.

§ 3. Die Apposition.

Die Apposition ist eine nähere Bestimmung eines Substantivs oder substantivierten Wortes durch ein Nomen; sie steht an der Stelle eines Nebensatzes; hierdurch unterscheidet sie sich vom Attribute nicht minder, als durch die gröfsere Selbständigkeit, welche sie neben dem zu bestimmenden Nomen bewahrt.

Der Gebrauch der Appositionen ist in der ags. Dichtung ungemein häufig, ihre grofse Beliebtheit bildet eines ihrer hervorstechendsten charakteristischen Merkmale. Der grofse Reichtum der Sprache an Synonymen gestattet es dem Dichter die Begriffe, welche in den Vordergrund der Gedanken treten, im Verlaufe eines Satzes durch synonyme Appositionen immer von neuem wieder vorzuführen und sie zugleich von verschiedenen Seiten ihres Wesens zu zeigen. „Der Charakter der ags. Dichtung kennzeichnet sich durch die Erregung und Unruhe, durch die Flucht und Überstürzung der Gedanken, denen der Ausdruck nur sprungweise zu folgen vermag, und die immer wieder im Dichter die Furcht erwecken, nicht verstanden zu werden. Als deutliche Spuren dieses ungleichen Wettlaufs zwischen Gedanken und Ausdruck zeigen sich zunächst die vielen Ellipsen in Worten und Sätzen, die Wortkomposition und Apposition, als bequeme Mittel die anstürmenden Gedanken schnell zu fixieren."[1]

Es kann nicht die Aufgabe dieser Arbeit sein, auf diesen poetischen Sprachgebrauch bei der Elene weiter einzugehen, als er mit der Syntax zusammenhängt, aber die angeführten Beispiele mögen doch immerhin genügen, um ein Bild dieser ags. Eigenart, wie sie sich in der Elene wiederspiegelt, zu geben.

Als Apposition tritt nicht blofs das Substantiv auf, sondern auch das Adjektiv und Fürwort; diese werden als solche erkannt daran, dafs sie die selbständige Stellung, welche sie als abgekürzten Satz erscheinen läfst, behaupten.

Das appositive Wort steht in Kongruenz mit dem Kasus, auf welchen es bezogen ist; eine Ausnahme unten 2. b. aa.

---

[1] Ziegler, der poet. Sprachgebr. in d. sog. Cädmon. Dichtg. Diss. Münst. 1883. p. 31.

In der Stellung der Apposition verfährt der Dichter, wie schon aus dem oben Gesagten hervorgeht, mit grofser Freiheit. indes ist die Stellung der Apposition vor dem Beziehungswort im ganzen selten. Metrische Gründe wirken, wie für den Gebrauch der Apposition überhaupt, so auch auf die Stellung in hervorragender Weise ein. 1. Das appositive Substantiv: þäs þe wealdend god âcenned wearð, *cyninga wuldor*, in middangeard þurh mennisc héo, *sóðfästra léoht* 4. þät hê Rômwara in rice wearð âhäfen, hildfruma, tô heretéman 9. hé wäs riht cyning, gûðweard gumena 13. wæron Rômware, secgas sigeróf́e, sôna gegearwod wæpnum tô wigge 46. 57—58. häfde wigena tô lyt, eaxlgestealna 63. here wicode, eorlas, ymb äðeling 65. 76—77. Constantinus, heht þé cyning engla, *wyrda wealdend*, wære béodan, *duguða dryhten* 79. 82—83. 84—85. 87—88. cyning wäs þý bliðra and þé sorgléasra, secga aldor 96—97. heht þâ onlice *äðelinga hléo*, *beorna béaggifa*, swâ hé þät béacen geseah, *herga hildfruma*, þät him on heofonum ær geiewed wearð, ôfstum myclum Constantinus, Cristes róde, *tiréadig cyning*, tâcen, gewyrcan 99 ff., vgl. auch 113 f. 123 f. (in diesem Beispiel gruppieren sich die Appositionen um das Bestimmungswort Constantinus, drei gehen ihm voraus, eine folgt; daneben tritt aber noch ein Begriff, tâcen, mit vorhergehender Apposition auf, so zwar dafs die appositiven Bestimmungen zweier Begriffe nebeneinander hergehen. Vgl. zu dieser Erscheinung noch Ziegler, a. a. O. p. 36 ff.). daroðas flugon hildenädran 140. 150—152. 157—158. 161—162. þe þis his béacen wäs, þe mé swâ léoht óðýwde ond mine léode generede, tâcna torhtost, ond mé tir forgeaf (die Apposition von béacen, tâcna torhtost trennt den letzten der drei koordinierten Relativsätze von den beiden ersten; die Einschiebung derselben ist offenbar nur des Stabreimes wegen erfolgt) 162. 164—5. 176—8. 181—2. 186—7. 194—5. 202—3. 209—10. 221—2. 223—4. 226—8. 250—2. 259—60. 261—2—3. swâ hit siððan gelamp, þät ðät léodmägen, *gûðrófe häleð*, tô Hierusalem cwômon *in þâ ceastre corðra mæste*, *eorlas* äscrófe, mid þâ äðelan cwên 271; vgl. noch 330—1. 335—7. 337—8. be ðâm Dauid *cyning* dryhtléoð âgól, *fród fyrnweota*, *fäder Salomônes*, ond þät word gecwäþ, wigona baldor 342. 345—6. 346—7—8. 382—3. 386—7. 391—2—3 u. s. f.

2. **Das appositive Adjektiv und Particip.**

Auch das Adjektiv und Particip ist als Apposition zu betrachten, wenn darin die Erinnerung an ein Satzverhältnis noch lebendig ist.

a. Das Adjektiv im appositionellen Verhältnisse: swâ gê, *môdblinde*, mengan ongunnon lige wið sôðe (módblinde drückt ein kausales Verhältnis aus) 306. côw sêo wergðu sceðþeð *scyldfyllum* (kaus. V.) 309. þâ þær for eorlum ân reordode gidda *gearosnotor*, wordes cräftig 417. hie þâ ânmôde answeredon 396. sîe ðê, mägena god, þrymsittendum þanc bûtan ende, þäs ðu mê swâ *mêðum* and swâ *manweorcum* þurh þin wuldor inwrige wyrda gerýno 810; ähnlich 738—40. 1237.

b. Das Particip im appositionellen Verhältnisse.

aa. Das Particip des Präsens: gê ne woldan þâ, *synwyrcende*, sôð oncnâwan 394. heht ðâ gebéodan burgsittendum þâm snoterestum, gumena gehwylcum, *meðelhegende* on gemôt cuman (meðelhegende vertritt ein finales Verhältnis, die Regel der Kongruenz ist nicht beobachtet) 276. sîe ðê, mägena god, *þrymsittendum* þanc 810. (þû) þær âwa sccalt, wiðerhycgende, wergðu drêogan 951.

bb. Das Particip des Perfekts: ðus mec fäder min on fyrndagum unweaxenne wordum lærde 528. (Jûdas) geare nyste hungre gehýned, hwær etc. 715. þät hê gesette on sacerdhâd in Jerusalem Jûdas þâm folce tô bisceope burgum on innan þurh gâstes gife tô godes temple cräftum gecorenne 1055.

Zusatz. Das appositive Verhältnis erscheint an zwei Stellen anstatt eines partitiven Genetivs: hio him andsware ænige ne meahton âgifan tôgênes 166 (statt einige von ihnen), und heht þâ gebéodan burgsittendum þâm snoterestum 276 (statt den klügsten der B.)

§ 4. **Das Attribut.**

So wie die Apposition, ist auch das Attribut eine Bestimmung eines Substantivs, aber die Verbindung, welche das Attribut mit dem Substantiv eingeht, ist eine viel innigere als die der Apposition, es verschmilzt mit dem Substantiv zu einer Toneinheit.

Das attributive Adjektiv, zu welchem auch das Particip gehört, bezeichnet die Eigenschaft oder Beschaffenheit, welche einem Gegenstande anhaftet; Attribut und Substantiv bilden einen einzigen Begriff.

Vermöge dieser engen Vereinigung stimmt das attributive Adjektiv mit seinem Substantiv in Genus, Numerus und Kasus überein.

I. Das Adjektiv als Attribut.

1. Im Positiv wird es, wenn
a) ohne Artikel stehend, stark flektiert.

α) Maskulinum. Sgl. Nom. tîrêadig cyning 104. ûrigfeðera earn 29. 111. fæle friðowebba 88. þät wäs þrêalîc geþôht 426 frôd fyrnweota 343. niwe gefêa 195. niðheard cyning 195. gylden grîma 125 etc. — Gen. fehlt. — Dativ. ealdum æwitan 455. on heardum hige 809. — Instrum. hêape gecoste 269. — Akk. ofer hêanne holm 983. ealdne nið 905. sæs sidne fäðm 729. in drygne sêað 693. þurh eorne hyge 685. 525. lêohtne gelêafan 491. uihtlangne fyrst 67. 365. nêowne gefêan 870. — Der Vokativ ohne Artikel ist schwankend; schwach in: ongit, guma ginga godes hêahmägen 464, schwach in: mîn swæs sunu 447. — Plural Nom. fôron fyrdhwate Francan 21. 22. 23. secgas sigerôfe 47. hetend heorugrimme 119. gûðrôfe häleð 273. eorlas acscrôfe 275. eorlas æclêawe 321. fyrdrincas frome 261. weras wonsælige 478 f. — Gen. darcðlâcendra dêadra 651. eallra þrymma þrym 483. niða nearolicra 913. forðsnotterra lêodmäga 379. manna ferhðglêawra 326. glêawra gumena 638 u. s. f. — Dativ þêostrum geþancum 312. — Akk. geômre gâstas 182. bronte brimþisan 238. weras wîsfäste, wordes cräftige 314. gencwidas glêawe 594. — Vok. werge wräcmäcgas 387.

β) Femininum. Sgl. Nom. tîrêadig cwên 605. nû is þearf mycel 426. eallre sybbe bearn 446. eallre synne fruma 772. — Dativ fehlt. — Instrum. heardre hilde 83. — Akk. þurh rihte æ 281. hâlige higefrôfre 355. dyslice dæd 386. ebrêisce æ 397. sume hwîle 479. ymb swâ dŷgle wyrd 541. andsware ænige 567. godcunde gife 1033. wuldorfäste gife 967. — Plural. Nom. fehlt. — Gen. eallra gesceafta 894. dêopra firena 1314. — Dativ häðenum folmum 1076. hædrum stefnum 748. clænum stefnum 750. — Akk. fehlt.

γ) Neutrum. Sgl. Nom. syxte geâr 7. mägen unrîme 61. heard handgeswing 115. bill gecost 257. geatolic gûðscrûd 258.

ænlic coforcumbol 259. mägen unlytel 283. lêoflic wif 286. éce lif 526. — Gen. äðeles cynnes 591. mid fæcne gefice 577. légene sweorde 757. — Akk. þurh mennisc hêo 6. frätwum beorht wliti wuldres trêo 88. ymb lytel fäc 272 u. s. f. — Pural. Nom. frôd fyrngewritu 431. — Gen. worda wärlicra 544. écra gestealda 802. — Dativ. heardum witum 180. — Akk. fehlt.

b) Mit dem bestimmten Artikel oder dem Demonstrativ verbunden wird das attributive Adjektiv schwach flektiert.

α) Maskulinum. Sgl. Nom. se lindhwata lêodgebyrga 11. se blâca bêam 91. se ealda féond 207. se hâlga hêahengla god 751. se mihtiga cyning 942. 1094. — Gen. fehlt. — Dativ on þám frécnan fære 93. — Akk. þone scîrau scippend 370. þone sôðan sunu 892. ymb þone beorhtan bêam 1255. þone fägrau gefêan 949. 1074. — Plural fehlt.

β) Femininum. Sgl. Nom. séo êadhreðige 266. sio rice cwên 416. séo êadige Elene 619. séo äðele cwên 661. þéos äðele gewyrd 647. sio werge sceolu 703. sio hâlige rôd 720. 1012. 1224; aber stark flektiert erscheint das Adjektiv, wenn es vom Artikel getrennt steht: þâ sio þridde wäs âhafen hâlig 884. — Gen. þære mæran byrig 864. — Dativ tô þære hâlgan byrig 1006. þære ârwyrðan cwêne 1129. — Akk. þurh þâ fägeran gesyhð 98. mid þâ äðelan cwên 275. þâ scîrau miht 310. þurh þâ myclan miht 597. mid þâ lêohtan gedryht 737. on þâ äðelan tid 787. þurh þâ hâlgan gesceaft 1032. ymb þâ mæran wyrd 1064. in þâ beorhtan gesceaft 1089. — Plural. Nom. þâ fäderlican lâre 431. — Akk. þâ dêopan mihte 584.

γ) Neutrum. Sgl. Nom. þät hâlige trêo 429. — Gen. fehlt. — Akk. þät hâlige trêo 107. 128. on þät fæge folc 117. þurh þät wlitige trêo 165. þurh þät äðele spâld 300. þurh þät beorhte gesceap 790. — Plural. Nom. þâ wéregan nêat 357. — Akk. þurh þâ mæran word 990. þurh ðâ beorhtan bearn 783.

2. Der Komparativ hat im attributiven Gebrauche immer schwache Flexion.

α) Maskulinum. Sgl. swâ þät ilce giô min yldra fäder sigeróf sägde 436.

β) Femininum. Sgl. Gen. wênde him trâge hnâgre 668. — Akk. rûmran geþeaht 1241.

γ) Neutrum. Sgl. Akk. þeah hie werod lässe häfdon tô hilde 48. mägen fägrre 242. in þät ærre lîf 305. on þät betere lîf 1046.

3. Der Superlativ hat die Flexionen des Positivs.

a. Ohne Artikel flektiert er stark: (þâ ðe) mæste häfdon on sefan snyttro 381. 408. Der Vokativ schwankt, s. o. cwên sêlest 1170, hyse lêofesta 523, âr sêlesta 1088.

b. Mit dem Artikel schwach:

α) Maskulinum. se ricesða ealles oferwealdend 1235. mid þâm äðelestum eorcnanstânum 1025. þær þâ äðelestan hýdde wæron näglas 1107.

β) Femininum. Gen. ðære dêorestan rôde 1234. — Akk. in þâ sweartestan and þâ wyrrestan wîtebrogan 932.

γ) Neutrum. ofer þâm äðelestan engelcynne 723.

Zusatz. Statt des attributiven Superlativ wird meistens ein substantivierter mit einem partitiven Genetiv gebraucht; vgl. oben Teil I. Kap. II. § 1. II. 3.

II. Das Particip als Attribut.

1. Das Particip des Präsens, in attributiver Verwendung nur ohne Artikel gebraucht, flektiert stark.

α) Maskulinum. Sgl. swâ þät hâlige trêo âræran heht Rômwara cyning heaðofremmende 128. Essaias witga dêophycgende 350. 882. hire Jûdas oncwäð stiðhycgende 682. wäs him frôfra mæst geworden ät ðâm willspelle, hlihende hyge 995. — Akk. ic gelýfe þê sêl ond þý fästlicor ferhð staðelige, hyht untwêondne 796. — Plural. Nom. näglas of nearwe neoðan scînende lêohte lixton 1115. — Gen. swylce Hûna cyning ymbsittendra âwêr meahte âbannan tô beadwe burgwîgendra 32. swâ hire weoruda helm byrnwîggendra beboden häfde 223. glädmôd êode gumena þrêate god hergendra 1096. þâm äðelestan eorðcyninga burgâgendra 1174. — Akk. þû womfulle scyldwyrcende sceaðan of radorum âwurpe wonhýdige 761.

β) Femininum. Sgl. ne mäg æfre ofer þät Ebrêa þêod rædþeahtende rîce hêaldan 448. — Pl. sâwla ne môton mântremmende in minum leng æhtum wunigan 906.

γ) Neutrum. þät êow in beorge bæl fornimeð and êower hrâ bryttað, lâcende lîg 578.

2. Das Particip des Perfekts:
a. ohne Artikel flektiert stark.
α) Maskulinum. Sgl. Nom. þær wäs gesŷne sinegim locen 264. þät in Bethleme cyning ànboren cenned wäre 391. — Akk. gefärenne man bròhton 872. — Plural. Nom. fcaroðhengestas ymb geofenes stäð gearwe stôdon, sælde sæmearas 226. hilderincas hyrstum gewerede 263. âwyrgede womsceaðan 1299. — Gen. is nû feale siðþan forðgewitenra fròdra and gôdra, þe ûs fore wæron, glèawra gumena 636.
β) Femininum. Sgl. Nom. ðær wäs on corle eðgesŷne brogden byrne 257. gûðcwên golde gehyrsted 331. — Pl. gâras lixtan, wriðene wälhlencan 23.
γ) Neutrum. Sgl. Nom. unoferswiðed wæpen 1188. þær on rîme wäs þrêo M. þæra lêoda âlesen tô lâre 284. — Akk. fundon þà D. forþsnotterra âlesen lêodmæga 380. — Pl. Nom. leomu côlodon þrêanêdum beþeaht 883. — Gen. worda wed gesyllan callra unsnyttro ær gesprecenra 1284.

Zusatz. Ein Fall von Inkongruenz eines Particips des Perfekts im attributiven Gebrauche ist mir aufgestofsen: näs þà friegendra under goldhoman gâd in burgum feorran geférede 991. — In den zwei unter γ) angeführten Stellen 284 und 380 stimmt âlesen mit den als Singulare betrachteten Zahlwörtern þrêo M. und D. überein; vgl. T. 1. Kap. IV. § 1. 9. und Kap. I. des 2. Teiles § 1. 2.

b. Mit dem Artikel verbunden flektiert das Part. d. Perf. im attrib. Gebrauch schwach wie das Adjektiv: ðe þone âhangnan cyning herjaþ and lofjað 453. 934. þone âhangnan Crist 798.

Zusätze, betreffend den attributiven Gebrauch des Adjektivs.

1. Dasselbe Adjektiv kann auf mehr als ein Substantiv bezogen werden, diese werden dann als ein Ganzes gefafst; das Adjektiv tritt in Kongruenz mit dem nächsten Substantiv: þû âmæte mundum þinum ealne ymbhwyrft and ûprador 730. sundor âsècaþ, þà ðe snyttro mid êow, mägn and môdcräft mæste häbben 407. gehŷrad hâlige rûne, word and wisdôm 333.

2. Ein Substantiv hat oft mehrere Attribute bei sich; die Verwendung derselben wird jedoch im ganzen eingeschränkt durch den Reichtum an Appositionen. Die verschiedenen Attribute erscheinen in der Elene stets im Verhältnis der Beiordnung

asyndetisch aneinander gereiht oder syndetisch verbunden: hine sylfne getengde goldwine gumena in godes þeowdôm ǽscrôf, unslâw 200. þâ se ädeling fand, léodgebyrga, þurh lârsmiðas gûðheard, garþrist, hwær etc. þû womfulle scyldwyrcende secaðun of radorum âwurpe wonhýdige 761. þät hê sîe sâwla nergend, êce, älmihtig 799. âsetton þâ sigebêamas III eorlas ânhýdige fore Elenan cnêo collenferhðe 847. gefärenne man brôhton on bære beorna þrêate on néaweste (wäs þâ nigoðe tid) gingne gâstlêasne 872. þâ wic behéold hâlig heofonlic gâst 1144. geatolic gûðcwên golde gehyrsted 331. — hrefen ûppe gôl wan ond wälfel 52. þûhte him wlitescýne on weres hâde hwit ond hîwbeorht häleða nâthwylc geýwed 72.

3. Das attributive Adjektiv wird in bezug auf die Stellung mit grofser Freiheit behandelt. Es kann unmittelbar vor oder nach dem Substantiv stehen, wie sigerôf cyning 158. cyning älmihtig 145. häleð hildedêor 936. hâlig gâst 936. fýrhât lufu 937. cyning ânboren 392. frêa mihtig 1068. fäder älmihtig 1084 u. s. f. Eine hübsche chiastische Stellung findet sich V. 256 ff. ðær wäs on eorle êðgesýne brogden byrne and bill gecost, geatolic gûðcrûd, grîmhelm manig, ænlîc eoforcumbol. Eine andere sehe man 954—6.

Eine Trennung des Adjektivs vom Substantiv durch andere Satzglieder oder durch Bestimmungen ist dem Dichter sehr geläufig. Manche Beispiele sind schon oben angeführt, ich nenne hier noch: þêah hîe werod lässe häfdon tô hilde, þonne Hûna cining ridon ymb rôfne 49. (þe êow) fram unclænum oft generede dêofla gâstum 301. under neolum niðer nässe 832. siððan Elene heht Eusebium on rädgeþeaht, Rôme bisceop, gefetjan on fultum forðsnoterne 1051. þâ se hâlga ongan hyge staðoljan brêostum onbryrded bisceop þäs folces 1094. þonne fyrdhwate on twâ healfe tohtan sêcaþ sweordgeniðlan 1179. (sîe þâra manna gehwâm) êce geopenad engla rîce 1231. gif hê þin nære sunu synna lêas, næfre hê sôðra swâ feala in woruldrîce wundra gefremede 777. frôd on fyrhðe fäder reordode 463. hio þâ on þrêate M. manna fundon ferhðglêawra, þâ etc. 326. þær wäs lof hafen fäger mid þý folce 890.

Wenn mehr als ein Adjektiv zur Bestimmung eines Substantivs dienen, so können die Adjektive dem Substantiv sämtlich vorangehen oder folgen, oder sie reihen sich um das Substantiv, z. B. is nû feale siðþan forðgewitenra frôdra and gôdra, þe ûs fore wæron gleawra gumena 636. þâ þær ligesynnig on lyft âstâh lâcende fêond 899. þonne beadurôfe ǣt gârþræce guman gecoste berað bord and ord 1185. gefǣrenne man brôhton on bǣre beorna þrêate on nêaweste (wäs þâ nigoðe tid) gingne gâstlêasne 872. — Die zum gröfsten Teile noch erhaltenen Flexionen ermöglichen allein diese Freiheit der Stellung.

§ 5. Die attributive Bestimmung.

Zur weitern Bestimmung eines Substantivs dient ein attributiver Genetiv, oder Dativ, oder ein präpositionales Glied.

I. Der Genetiv als attributive Bestimmung bezeichnet verschiedene Verhältnisse.

1. Der Genetiv des Subjekts, welcher den Urheber oder Besitzer des durch das regierende Wort bezeichneten Gegenstandes nennt, ist von der weitesten Ausdehnung: þâ wäs syxte geâr Constantînes câserdômes 7. äðelinges wêox rice 13. heofoncyninges tâcen 170. þurh gâstes gife 199. herga gring 115. wälhrêowra wig 112. ymb þäs wäteres wylm 39. on Danûbie stäðe 37. werodes breahtme 39. Rômwara rice 40. Hûna cyme 41 u. s. f.

Die Wiederholung desselben Substantivs im Genetiv wird wohl zur Steigerung des Begriffes verwendet: rodera wealdend eallra þrymma þrym 483. þâra dôm leofað ond hira dryhtscipe in woruld weorulda willum gefylled, þe etc. 450. calles lêohtes lêoht lifgende ârâs 486. Dieser Genetiv ist in seiner Bedeutung dem oben erwähnten Genetiv bei Superlativen verwandt.

Eine Art des subjektiven Genetivs ist der appositive, wie Hûna lêode 20. 128. Jûdêa cyn 209. Israhêla folc 361. weras Ebrêa 287.

2. Der Genetiv des Objekts bezeichnet das Objekt des dem regierenden Worte zu Grunde liegenden Thätigkeitsbegriffes. Als solcher erscheint nicht nur das gerade Objekt eines im Beziehungsworte liegenden Verbalbegriffes, sondern auch oblique und durch Präpositionen angeknüpfte Objekte.

Der objektive Genetiv steht am häufigsten bei Titeln: Hûna cyning. 32. 49. Rômwara cyning 62. cyning engla 79. äðelinga hlêo 99. 150. beorna bêaggifa 100. herga hildfruma 101. blǣdes brytta 162. sinces brytta 194. heriga helm 148. gûðweard gumena 14. goldwine gumena 201. wigena weard 153. folces aldor 157. wyrda wealdend 80. rodora waldend 206. ealra dryhten 371. hlâford ealra 475. duguða dryhten 81. se gâsta helm 176. hælend middangeardes 809. sâwla nergend 461. Rôme bisceop 1052. u. s. f.

Aufser diesen kommen noch folgende Beispiele eines objektiven Genetivs vor: hie lúfan dryhtnes fäste gelæston 1206. for lufan dryhtnes 491. for sâwla lufan 564. Crîstes lof 212. þâra bealudæda bôte 515. hire se willa gelamp bega gehwäðres, gê ät þære gesyhðe þäs sigebêames, gê ðäs geleafan, þe etc. 963. þær wäs borda gebrec and beorna geþrec 114. on geþance þeodnes willan 267. sceal æghwylc ðær riht gehŷran dæda gehwylcra and worda swâ same wed gesyllan 1281. þær bið â gearu wraðu wannhâlum wîta gehwylces 1029. wuldor þäs âge heofonrîces god 1125. he hafað wigges lêan 825. þâ cunnon andsware cŷðan tâcna gehwylces 318. noldon hire andsware ænige secgan, þäs hêo him tô sôhte, ac hêo worda gehwäs wiðersäc fremedon 567. ic him þäs unrihtes andsäc fremede 471. cwædon þät þäs twêo nære 171. morðres mânfrêa 942. þære dêorestan dägweorðunga rôde 1234.

3. Der Genetiv dient zur Angabe der Eigenschaft, des Mafses: flâna scûras 117. fŷres blêo 1106. frôfre gâst 1106. swefnes wôma 71. wîges wôma 19. sigores tâcen 85. fulwihtes bæð 490. godspelles gife 176. þâ wäs âgangen tû hund ond þrêo geteled rîmes swylce XXX. eac þinggemearces wintra 1.

4. Der partitive Genetiv bezeichnet die Gesamtheit, von der das Beziehungswort den Teil angiebt. Er steht:

a) bei Substantiven: cyninga wuldor 5. 178. fêonda gefär 68. þegna þrêate 151. eorla mengu 225. folca gedryht 27. êadigra gedryht 1290. ârleasra sceolu 836. 1301. for wera mengo 596 u. s. f.;

b) bei substantivisch gebrauchten Superlativen, vgl. T. 1 Kap. II. § 1. II. 3.

c) abhängig von interrogativen und indefiniten Pronomen,[1]) vgl. ibd. Kap. III. § 6 und 7.

---

[1]) Wie im Deutschen kommt in der El. einmal der Genetiv eines Pronomens vor, wo nicht ein Teil, sondern alle gemeint sind: him wäs leoht sefa, þêah hira fêa wæron 173. Vgl. dagegen oben § 3. 2. Zusatz.

d) von Zahlwörtern, vgl. ibd. Kap. IV. § 1.

e) von Adverbien der Quantität, vgl. ibd. Kap. VI. § 2.

Zusätze. 1. Nicht selten finden sich zwei attributive Genetive neben einander, z. B. dryhten alra häleða cynnes 187. monige Cristes folces 499. 621 f.

2. Die Stellung des attributiven Genetiv ist eine freie, vor oder nach dem Beziehungsworte, oder von demselben durch andere Satzteile getrennt, wie aus den oben citierten Beispielen schon hervorgeht, vgl. noch: äðelinges heht, beorna beaggifan, bridels frätwan 1198. 37. 8; wenn das Beziehungswort eine Präposition bei sich hat, steht er gern zwischen dieser und jenem: in godes þeowdôm 201. on godes bôcum 204. on þære cwêne gewealdum 610. on Rômwara rices ende 62 und sonst, vgl. jedoch lifes ät ende 137; auch zwischen dem Artikel und Substantiv nimmt er seine Stelle, ein Gebrauch, welchen das Neuenglische bekanntlich nicht gestattet: se gâsta helm 176. be þâm lifes trêo 706. be þâm wuldres trêo 867. þäs wuldres trêowes 1252. (Vgl. Mätz. III. p. 203 f.)

II. Der Dativ wird als attributive Bestimmung in beschränkterem Mafse verwendet; er bezeichnet in der Anlehnung an ein Substantiv Gegenstände und Thätigkeiten, die auf einen mitbeteiligten Gegenstand gerichtet sind, zu seinem Nutzen oder Schaden gereichen: ûrigfeðera earn sang âhôf lâðum on lâste 30. þät forð geheold dryhtne tô willan 193. þät ic hie mäge geclænsjan Criste tô willan, häleðum tô helpe 678. 1011. 1112. wundor, þâ þe worhte weoroda dryhten tô feorhnere fira cynne 898. manigum on andan 970. hâlgum tô téonan cristenum folce 988. folcum tô frôfre 1143. meare tô midlum 1176. geômrum tô sorge 922. gamelum tô géoce 1247.

III. Auch vermittelst verschiedener Präpositionen wird ein Substantiv als nähere Bestimmung einem andern angefügt. Manchmal ist es zweifelhaft, ob die Beziehung des präpositionalen Ausdrucks auf ein Substantiv statt haben soll, oder ob er als eine adverbiale Bestimmung zu betrachten ist. — Ich zähle die in der Elene vorkommenden Fälle nach der alphabetischen Reihenfolge der die Beziehung vermittelnden Präpositionen auf:

ät. he âh ät wigge spéd, sigor ät säcc ond sybbe gehwær,

ät gefeohte frið, sê ðe etc. 1182. þis bið beorna gehwám unoferswíðed wäpen ät wigge 1187.

bútan. he hafað wigges léan, blæd bútan blinne 825.

fram. þe êow êagena léoht, fram blindnesse bôte gefremede 299.

geond. heht ða gebêodan burgsittendum þám snoterestum side and wide geond Jûdéas 276. 1177.

mid. gif ðû in heofonrice habban wille eard mid englum ond on eorðan lif, sigorléan in swegle, saga etc. (man beachte den Chiasmus) 621.

of. gên ic findan ne can þurh wrôhtstafas wiðercyr siððan of ðám wearhtreafum 925.

ofer. hû gesundne sið ofer swonráde secgas mid sigecwên áseted häfdon 997.

on. him þá tôgênes þá gléawestan on wera þréate wordum mældon 537. ðá wäs gefrêge in þære folcsceare mære morgenspel manigum on andan 970.

ongeán. þá se cásere heht ougeán gramum gûðgelæcan under earhfäre ófstum myclum bannan tô beadwe 42.

tô. ongan þá sêcean weg tô wuldre 1150. gif hie gesundne sið settan môsten tô þære hálgan byrig 1005.

under. sige forgeaf Constantino cyning älmihtig, dômweorðunga, ríce under roderum 147. gê þá byrgenna under stânhleoðum on gewritu setton 652. is his ríce brád ofer middangeard, min is geswiðrod ræd under roderum 919. näs þá friegendra under goldhoman gád in burgum 991. 631.

wið. häfde wigena tô lyt, eaxlgestealna wið ofermägene hrôrra tô hilde 64. (þe) mê tír forgeaf, wigspêd wið wráðum 165. þurh þá ilcan gesceaft, þe him geýwed wearð sigores tácen wið þêoda þräce 183. 1187. s. v. ät.

ymb. stede weardedon ymb Danûbie 135. wæron æscwigan, secgas ymb sigecwên, siðes gefýsde 260. wiðsäcest þû tô swiðe sôðe and rihte ymb þät lifes tréow 663. ær ic þät wundor onwrigen häfde ymb þone beorhtan béam 1254.

þurh. heht ðá gefetigean forðsnotterne ricene tô rûne, þone þe rædgeþeaht þurh gléawe miht georne cûðe 1161.

Dritter Teil.

Die Syntax der Periode.

Kapitel I.
Die Aneinanderreihung von Sätzen.

§ 1. Die syndetische Aneinanderreihung.

I. Die kopulative Beiordnung.

Die koordinierende Anreihung von Sätzen wird durch ond bewirkt: hio on sybbe forlêt sêcan gehwylcne âgenne card ond þone tenne genam Jûdas tô gisle ond ·þâ georne bäd, þät hê.., ond hine scolfne sundor âcigde 598 ff. word stunde âhôf ond on ebrisc spräc 724. êow þäs lungre âþrêat, ond gê þâm ryhte wiðroten häfdon, onscunedon þone sciran scippend callra, ond gedwolan fylgdon 369. 714 u. s. f.

Die Koordination von Nebensätzen geschieht in der Elene teils syndetisch durch ond ohne Wiederholung des Fügewortes, so von Subjektssätzen 1170, von Objektssätzen 171. 855. 949. 951. 1210, von Temporalsätzen 872, von Kausalsätzen 1318, von Konditionalsätzen 516, von Konsekutivsätzen 504, von Absichtssätzen 431, von indirekten Fragesätzen 179—188, von Relativsätzen 301. 733 ff. 749, teils asyndetisch, vgl. § 2.

Die Wechselbeziehung zweier Sätze wird ausgedrückt durch gê .. gê: him wäs geômor sefa, hât ät heortan ond gehwäðres wâ, gê hê heofonrices hyht swâ môde ond þis andwearde ânforlête rice under roderum, gê hê ðâ rôde tæhte 627; im zusammengezogenen Satze 965—966, desgleichen swâ .. swâ 325.

Um ein Glied als ein gleich wichtiges oder bedeutsameres hervorzuheben, wird êac gebraucht: swâ þéos world eall gewiteð, ond éac swâ some, þe hire on wurdon átýdrede, tioulêg nimeð 1277; so noch in zusammengezogenen Sätzen 742. 1007; daneben swylce: swylce Júdas onfêng fulwihtes bäð 1033, und im zusammengezogenen Satze swylce mit éac. V. 3.

Ein verneinender Satz wird an einen bejahenden durch ond mit der Negation innerhalb des Satzes angeknüpft: þâ wêregan nêat ongitaþ hira góddénd, ond mê Israhéla æfre ne woldon folc oncnâwan 359, oder durch die Konjunktion nê (vgl. Teil 1. Kap. VI. § 2, Negation) angeknüpft.

Einem negativen Satze wird ein negativer durch né angefügt, vgl. ibd.

Zur Bezeichnung des gemeinsamen Aufhebens zweier Satzglieder steht né ... nê, s. a. a. O.

II. Die disjunktive Beiordnung von Sätzen ist mir in der Elene nicht begegnet; zur disjunktiven Verbindung von Satzgliedern wird oððe verwendet 74. 159. 508. 634. 975. 1114.

III. Die adversative Beiordnung. Ein voranstehendes Glied wird durch ein entgegengesetztes entweder beschränkt oder aufgehoben.

Die Beschränkung geschieht durch ac = aber: þâm ic blæd forgeaf, hâlige higefrôfre: ac hie hyrwdon mê 354. ond hat öfter adversative Bedeutung: næhton foreþancas, wisdômes gewiht, ond þâ wêregan nêat, þe man daga gehwâm drifeð and þirsceð, ongitaþ hira góddénd 356. so ferner 659. 664. 696. 977, mit hwæðre = dennoch verbunden 719; swâ þéah = dennoch 500.

Die Aufhebung, bei welcher das erste Glied stets negativ ist, führt ac ein = sondern: Elene ne wolde þäs siðfates sæne weorðan né ðäs wilgifan word gehyrwan, ac wäs sôna gearu 219. so noch 450. 469. 493. 569. (863?) 1304.

IV. Die kausale Beiordnung. Das dem ersten Gliede angefügte enthält eine Begründung oder eine Folge. Für die erstere giebt es in der Elene keine Konjunktion, sie wird asyndetisch angeknüpft, vgl. § 2. 4. Die letztere wird eingeleitet durch forðan = deshalb: forðan ic, sôðlice, and mîn swæs fäder syðþan gelýfdon 517. forðan ic þê lære 522. 309. 1319, þäs = deshalb: þäs hie in hýnðum sculon wergðu dréogan 210. 768.

und auch ond: wite ðû þê gearwor, þät ðû unsnyttrum ânforlête léohta beorhtost ond lufan dryhtnes, þone fägran geféan, *ond* on fýrbäðe sûslum beþrungen syððan wunodest (= und deshalb) 946 ff.

§ 2. Die asyndetische Aneinanderreihung.

Die häufige Anwendung der asyndetischen Beiordnung ist ganz dem Charakter der ags. Poesie, wie er oben Teil 2. Kap. II. § 3 angedeutet wurde, entsprechend, denn das Asyndeton ist ein Mittel lebhafter, oft hastiger Darstellung.

I. Am meisten wird die kopulative Beiordnung durch asyndetische Anreihung ersetzt. So begegnet sie in der Elene besonders in der Darstellung der kriegerischen, durch den Einfall der Barbaren hervorgerufenen Ereignisse, in den V. 18—35 (einmal ond, V. 26) und 40—68, welche uns in lauter kurzen, unverbunden neben einander stehenden Sätzen ein wirkungsvolles Bild in grofsen Zügen vorführen; in derselben Weise giebt der Dichter die Darstellung der durch die Entfaltung der Siegesfahne herbeigeführten Entscheidung des Kampfes, der Flucht und Verfolgung der Feinde, V. 109—137, 139—143.

Aber auch in ruhiger Darstellung erscheint die unvermittelte Anreihung von Sätzen häufig. Ich setze die bemerkenswert scheinenden Stellen her: 247. 313. 322. 365. 386. 403. 404. 407. 413. 414. 470. 571. 583. 588. 598. 627. 805. 888. 910. 982. 1069. 1096. 1099—1102. 1137. 1198. 1199. 1243. 1251. 1257. 1261. 1265.

Asyndese wird auch verwendet, wenn Sätze oder Satzglieder eine Klimax bilden: ic symle mec âscêd þâra scylda, nales sceame worhte gâste minum. ic him georne oft þäs unrihtes andsäc fremede 469. hio wæron stearce, stâne heardran, noldon þät geryne rihte cýðan 565. â min hige sorgað, rêonig rêoteð ond geresteð nô 1082.

Beliebt ist Asyndese auch bei den so häufigen Parallelismen, d. h. Wiederholungen desselben Gedankens in anderer, oft erweiterter Wendung, welche ja auch ein Charakteristikum der ags. Poesie bilden: Dâ me yldra mîn âgeaf andsware, frôd on fyrhðe fäder reordode 462. Elene maðelode ond for eorlum spräc undearninga, ides reordode hlûde for herigum 404; so 413 f.

473 f. 494 f. 667 f. 892 f. 1090. 1294. Doch auch kopulative Verbindung der Parallelismen, wie 437. 440. 573.

Zu erwähnen ist hier die oft angewendete asyndetische Häufung von Satzgliedern in zusammengezogenen Sätzen, besonders von Substantiven, welche alle zur Bezeichnung desselben Begriffes dienen (vgl. oben Teil 2. Kap. II. § 3), entweder, um denselben Gegenstand nach seinen verschiedenen Seiten vorzuführen, oder in der Art der Begriffssteigerung. Ich will nur einige Beispiele anführen: forðan ic þê lære þurh lêoðorûne, þät ðû hospewide, äfst nê eofulsäc wfre ne fremme, grimne geagnewide 522, oder steigernd: swâ gê môdblinde mengan ongunnon lige wið sôðe, lêoht wið þýstrum, äfst wið äre, inwitþancum wrôht webbedan 306. gif hie wiston wr, þät hê Crîst wære, cyning on roderum, sôð sunu meotudes, sâwla nergend 459 u. s. f.

Die asyndetische Anreihung von Nebensätzen mit Wiederholung des Fügeworts ist im Ags. nicht häufig und scheint sich auch in der Elene nicht zu finden, wenn man V. 580 þät êow þät lêas sceal âwended weorðan tô woruldgedâle nicht mit Zupitza als Folgesatz, sondern als Objektssatz fafst.[1]) Beispiele asyndetischer Anreihung koordinierter Nebensätze sind für den Objektssatz 366. 801. 50—51. 474, den Temporalsatz 1243—1251, den Kausalsatz 908—910, den Konsekutivsatz 833, den Modalsatz 208, den indirekten Fragesatz 181, den Relativsatz 156. 747. 905.

II. Die adversative Beiordnung in asyndetischer Weise berührt sich nahe mit der kopulativen: þâ for lufan dryhtnes Stephanus wäs stânum worpod, *ne* geald hê yfel yfele 491. is his rîce brâd, mîn is geswiðrod ræd under roderum 917; so noch 388. 477. 565.

III. Auch im kausalen Verhältnisse steht öfter ein asyndetisch an das vorhergehende angereihtes Glied. Es giebt an:

1. den Grund des vorangehenden: môdsorge wäg Rômwara cyning, rîces ne wênde for werodlêste: häfde wîgena tô

---

[1]) Die Stelle heifst im Zusammenhange: ic êow tô sôðe secgan wille, ond þäs in lîfe lige ne wyrðeð, gif gê þissum lêase leng gefylgað mid fæcne gefice, þe mê fore standaþ, þät êow in beorge bæl fornimeð ond êower hrâ bryttað, þät êow þät lêas sceal âwended weorðan tô woruldgedâle 574—81.

lyt 61. so 14. 195. 310. 401. 426. 448. 543. 591. 610. 633. 703. 771;

2. die Folge: he þæt betere geceas and gedwolan fylde, unrihte ᴂ. him wearð ece rex, meotud, milde, god mihta wealdend 1039. 705.

§ 3. Gebrauch der parataktischen Aneinanderreihung statt der begrifflich erforderlichen hypotaktischen.

Die Anwendung der Parataxe ist eine Eigentümlichkeit der weniger entwickelten Sprachen, besonders der älteren germanischen Idiome. Sie ist jedoch in der Elene nicht so häufig, wie man vielleicht erwarten sollte, wie denn ja überhaupt dieses Gedicht einen ziemlichen Grad syntaktischer Gewandtheit verrät.[1]) Es ist schon § 2 auf die Eigentümlichkeit der in kurzen asyndetisch neben einander stehenden Sätzen sich bewegenden lebhaften Darstellung historischer Ereignisse hingewiesen (V. 18—68, V. 109—143). Anstatt das einer Haupthandlung Folgende oder Vorhergehende der ersteren in Nebensätzen unterzuordnen, liebt es der Dichter hier, die Gedanken als gleichwertig hinzustellen.[2]) So könnte man V. 41 statt þær wearð Huna cyme cuð ceasterwarum einen dem folgenden Satze þa se casere heht etc. untergeordneten Temporalsatz erwarten, denn der Einfall der Hunnen ist vorher schon eingehend geschildert, und demnach kann dieser Satz nur als Zeitangabe für das Folgende dienen. Ebenso scheint der Hauptsatz here wicode etc. V. 65—68 als temporaler

---

[1]) Nicht zu verwechseln mit der Form der Parataxe ist der Fall der Unterdrückung der den Nebensatz einleitenden Konjunktion, besonders bei Subjekts- und Objektssätzen, von welcher sich in der Elene kein Beispiel findet, aufser in einem Nebensatze der einem vorhergehenden koordiniert erscheint, vgl. § 1 u. 2. Bei der Entscheidung, ob man Parataxe statt der Hypotaxe in einem Satze zu erkennen habe, ist auf die Grundbedeutung des Nebensatzes zurückzugehen; der Nebensatz ist ein entwickeltes Glied des Haupt-, bezw. übergeordneten Satzes. Es kann mithin nur dann ein in der Form des Hauptsatzes auftretender Satz als Vertreter eines Nebensatzes angesehen werden, wenn er sich wirklich als Satzglied in einen andern eingefügt denken läfst, und die geringere Bedeutung im Zusammenhang mit den andern Gedanken seine Unterordnung zu fordern scheint.

[2]) Wie wenn auf einer Schnur kleinere Perlen zwischen gröfseren, kostbaren aufgereiht sind.

Nebensatz zur Bezeichnung der Gleichzeitigkeit (während) dem Hauptsatze þâ wearð ätywed etc. V. 69 untergeordnet werden zu sollen; der Satz com þâ wîgena hleo, V. 150—152 steht anstatt eines Temporalsatzes mit als, der dem Satze heht þâ, V. 153 zur Zeitbestimmung dienen sollte; dgl. V. 259—60 dem Satze fyrdrincas etc., V. 262.

Ein Kausalsatz scheint vertreten in V. 837 hie wið etc., untergeordnet dem vorhergehenden swâ hio beþeahton 835. 6.

Eine Einräumung liegt in V. 638 ic on geogoðe etc. zu dem V. 640 ic ne can.

V. 705 ic ádrêogan ne mäg etc. erscheint dem Gedanken nach als Folge von 703, is þes hält etc.

Vertreter von Relativsätzen können sein V. 872, ond getärenne man brôhton, und V. 982 sceoldon etc., subordiniert den VV. 871, þâ þær menigo cwom, und 980, ðâ sio cwên etc.

Die Neigung zur Parataxe begünstigt auch den unverhältnismäßig häufigen Gebrauch der Parenthese, welche, vorgreifende oder nachträgliche Bemerkungen und Erläuterungen oder Beteuerungen einfügend, meist genau die Stelle eines Nebensatzes einnimmt: 78. 149. 418. 437. 530. 575. 586. 609. 627. 655. 698. 750. 777—783. 874. 1190.

Kapitel II.
Die Verbindung von Hauptsatz und Nebensatz.

§ 1. Die Formen der Verbindung zwischen Hauptsatz und Nebensatz.

Wie in der Vorbemerkung zum zweiten Teile schon gesagt wurde, zerfallen die Nebensätze nach der Art ihrer die Unterordnung vermittelnden Fügewörter in konjunktionale, interrogative und relative Nebensätze. Die ersteren werden wiederum je nach dem logischen Verhältnisse, in welchem sie zum Hauptsatze stehen, eingeteilt in: 1. Subjekts- und 2. Objektssätze — mit einem gemeinschaftlichen Namen Kasussätze genannt — 3. Nebensätze der Ortsbestimmung, 4. Nebensätze der Zeitbestimmung, 5. Kausalsätze, 6. Konditional-, 7. Konzessiv-, 8. Konsekutiv-, 9. Final- und 10. Modalsätze.

§ 2. Die innere Abhängigkeit des Nebensatzes vom Hauptsatze.

Vermöge des innigen Verhältnisses, in welchem der Gedanke des Nebensatzes zu dem des Hauptsatzes, bezw. übergeordneten Satzes steht, werden seine Formen durch die des letzteren bedingt: Tempus und Modus des Prädikats des untergeordneten Satzes sind abhängig von denen des übergeordneten.

Als Regel über die Folge der Zeiten gilt:[1]

1) dem Präsens des Hauptsatzes folgt das Präsens (in eigentlicher oder Futurbedeutung) oder das Imperfekt im Nebensatze. — Das Letztere erscheint im Vergleich mit anderen Sprachen als abweichend von dem gewöhnlichen Gebrauche, erklärt sich aber leicht aus der Verwendung dieser Zeitform anstatt eines Perfekts; vgl. Teil I. Kap. V. § 3 I. 2. Nû is þearf mycel, þät wê fästlice ferhð staðeljen, þät wê ðäs morðres meldan ne weorðen, hwær þät hâlige trêo beheled *wurde* äfter wigþräce, þý læs tôworpen sien frod fyrngewritu 426 ff. nê wê geare cunnon, þurh hwät ðû ðus hearde, hlæfdige, ûs corre wurde 399. 810 ff.

2) Dem Präteritum folgt das Präteritum; die zusammengesetzten Zeiten lassen ebenfalls das Hülfsverb in das Präteritum treten:[2] be ðâm friguan ongan cristenra ewên, Cyriacus bäd, þät hire þâ gina gâstes mihtum ymb wundorwyrd willan gefylde, onwrige wuldorgifum 1068. — Weitere Beispiele finden sich unten angegeben.

Ebenso ist der Modus des Nebensatzes von dem Gedanken des Hauptsatzes abhängig. Der Indikativ des Prädikats bezeichnet die Handlung nach der Absicht des Sprechenden als eine Wirklichkeit, als objektive Thatsache, wogegen der Konjunktiv die im Prädikate ausgedrückte Thätigkeit nur als Vorgestelltes, als blofs subjektive Meinung des Sprechenden hinstellt.

---

[1] Vgl. Koch p. 530.
[2] Abweichungen von diesen Regeln kommen in der Elene meines Wissens nicht vor, wie denn das Ags. überhaupt die Ebenmäfsigkeit der Zeitformen liebt. — Anders ist die Sache in nicht innerlich abhängigen Sätzen, wie: wolde ic, þät ðû funde, þâ ðe in foldan gên dêope bedolfen dierne *sindon*, hêolstre behýded 1030 u. 1012 u. s. f.

Im Folgenden werde ich eine nach den Arten der Nebensätze geordnete Zusammenstellung sämtlicher in der Elene vorkommenden Nebensätze mit Rücksicht auf den Gebrauch der Modi geben.

I. Die Konjunktionalsätze.

1. Der Subjektssatz.

Der Subjektssatz, welcher sich als logisches Subjekt an unpersönliche Verben, an ein Substantiv, oder an ein Adjektiv im Neutrum mit einer Form von sein oder werden anschliefst, öfter dabei sich anlehnend an ein grammatisches Subjekt hit oder þät, wird eingeleitet durch die Konjunktion þät. Wenn der Nebensatz eine verwirklichte oder als wirklich gedachte Thatsache aufstellt, so steht der Indikativ, wenn er aber eine geforderte, blofs mögliche Handlung enthält, der Konjunktiv.

a. Der Indikativ findet sich darnach in folgenden Fällen: þā wäs gesẏne, þät sige *forgeaf* Constantino cyning älmihtig 144. 272. 457. 644. 1192.

b. Der Konjunktiv: ne biδ lang ofer δät, þät Israhēla äδelu *mōten* ofer middangeard mā ricsjan 433. 427. (s. o. 1. nú is þearf etc.). gif þē þät gelimpe, þät δū *gehẏre* ymb þät hālige trēo frōde frignan etc. 441. him gebyrde is, þät hē genewidas glēawe häbbe 593. þät is gedafenlic, þät δū dryhtnes word on hyge healde, ond þäs cininges bebod georne begange 1168. gif þin willa sie, wealdend engla, þät ricsje sē, δe on rōde wäs etc. 773.

2. Der Objektssatz.

Er steht als Objekt a) nach den Verben, welche ein Wahrnehmen, Denken, Sagen ausdrücken (s. u.); b) nach den Verben des Affektes (962. 1140); c) nach Adjektiven (268); d) in unmittelbarer Beziehung auf ein Substantiv (391. 812. 973). Eingeleitet wird er durch þät, einmal durch þe (985) und nach den Ausdrücken des Affektes mit þäs (vgl. Teil 2. Kap. I. § 3 I. 2.

a. Der Indikativ drückt eine wirkliche Thatsache aus. Er erscheint nach den Ausdrücken des Erkennens: ic þät gearolice ongiten häbbe, þät gē geārdagum wyrδe wǣron wuldorcyninge 288. 809, des Hörens: wē þät gehẏrdon þurh hālige bēc, þät ēow dryhten *geaf* dōm unscyndne 364. 853, des Wissens: ic wāt, þät δū *eart* gecẏδed ond ācenned allra cyninga þrym 815. 419. 946, des Dankens: gode þancode, þäs hire se willa *gelamp* 962. 1140. sie δē, mägena god, þanc būtan ende, þäs δū mē swā mêðum ond swâ mânweorcum þurh þin wuldor *inwrige* wyrda geryno 810, des **Sichfreuens**: him wäs lêoht sefa, ferhð gefêonde, ðät hie for þâm câsere cyðan môston godspelles gife 173, des **Sagens**: cwædon, þät hêo on aldre ôwiht swylces nê ær nê sið æfre *hyrdon* 571. 578. 580, des **Verkündens**: wê ðät hyrdon þurh hâlige bêc häleðum cyðan, þät âhangen wäs on Calnarie cyninges frêobearn 670, des **Schwörens**: ic þät geswerige þurh sunu meotodes, þät ðû hungre *scealt* for enêomâgum cwylmed weorðan 686, des **Verdienens**: þonne ðû geearnast, þät þê *bið* êce lif seald in heofonum 826.

b. Der Konjunktiv steht nach den gen. Begriffen meistens zum Ausdruck der Ungewifsheit des Redenden in Betreff der Handlung, aber auch da, wo diese anscheinend nicht vorhanden sein kann, man also den Indikativ erwarten könnte, nach **Sagen**: þâ þâ wisestan wordum cwædon, þät hit heofoncyninges tâcen *wære* ond þäs twêo *nære* 169. 667. 985, **Wissen**: gif hie wiston ær, þæt hê Crist *wære* 459, **Glauben**: ic gelyfe þê sêl . . on þone âhanguan Crist, þät hê *sie* sôðlîce sâwla nergend 796 ff.; nach den Substantiven **Kunde**: ðâ wäs gefrêge . . mære morgenspel . . þät Cristes rôd fyrn foldan begräfen funden wære 968—74, **Wahrheit**: gê wiðsôcon sôðe and rihte, þät in Bethleme bearn wealdendes cenned wære 390.

Der Konjunktiv wird immer gebraucht, wenn die Aussage des Hauptsatzes einen Willensakt, eine Forderung, eine Absicht enthält: **Wollen**: wolde ic, þät ðû funde, þâ etc. 1080, **Befehlen**: hio bebêad hraðe, þät hine man of nearwe ond of nydcleofan ûp forlête 710. 1008. þâ callum bebêad (Elene), þät hie weorðeden þone mæran däg 1220, **Bestimmen**: wyrd gescrâf, þät hê swâ gelêafful weorðan *sceolde* (?) 1047. **Ermahnen**: forðan ic þê lære þurh lêoðorúne, þät ðû hospewide, äfst nê eofulsäc æfre ne fremme 522. þâ sêo cwên ongan læran lêofra hêap, þät hie lûfan dryhtnes ond sybbe swâ same syllra betwêonum fäste *gelæston* ond þäs lâttêowes lârum hyrdon,[1] **Bitten**: (Stephanus) bäd þrymcyning, þät hê him þâ wêadæd tô wræce ne sette 494. 600. swâ ic þê . . biddan wille, þät mê þät goldhord, gûsta

---

[1] Man wird die Formen gelæston, hyrdon, trotz der Endung ∽ on, als Konjunktive anzusehen haben.

scyppend geopenje 789. 817. 1070. 1091, Beschwören: ic éow healsje þurh heofona god, þät gê mê of ðyssum earfeðum úp forlæten hêanne fram hungres genïðlan 699, Entschlossensein: wäs séo êadhrêðige Elene gemyndig, þriste on geþance þéodnes willan, georn on môde, þät hio Jûdêa ofer herefeldas hêape gecoste lindwigendra land gesôhte (?) 266 ff.

3. Der Nebensatz der Ortsbestimmung.

Er bestimmt die Örtlichkeit der Handlung des Hauptsatzes; das Fügewort ist þær, einmal die Partikel þe (716). Er hat, seiner Natur nach, nur den Indikativ des Prädikats: þrungon þá on þréate, þær on þrymme bâd câseres mæg 329. 822. 1012. 1107. 1181. stôpon þâ tô þære stôwe on þâ dûne úp, ðe dryhten ær âhangen wäs 716.

4. Der Nebensatz der Zeitbestimmung.

Der temporale Nebensatz kann angeben: a) das Wann einer Handlung, den Zeitpunkt; als Konjunktionen dienen hwonne (254), þonne (50. 473. 618. 1179. 1185. 1278. 1179. 1280), þâ (1. 491 [?]. 172. 294. 389. 481 [?]. 709. 786. 871. 1113. 1219) und einmal swâ (127).

Der herrschende Modus ist der Indikativ: ic him georne oft þäs unrihtes andsäc fremede, þonne ûðweotan æht *biscæton*, on sefan *sôhton*, hû etc. 471. flugon instäpes Hûna léode, swâ þät hâlige tréo âræran heht Rômwara cyning 127.

Der Konjunktiv findet sich hier zweimal zum Ausdruck der blofsen Möglichkeit, deren etwaige Verwirklichung in der Zukunft liegt: céolas léton . . on brime bîdan beorna geþinges, hwonne héo sio gûðcwén eft *gesôhte* 250—55 (vgl. Teil 1. Kap. V. § 3. I. 2. e.). þät manigum sceall geond middangeard mære weorðan, þonne ät säce mid þý oferswiðan *mæge* féonda gehwylcne (unmittelbar darauf aber die Form des Indikativs: þonne fyrdhwate on twâ healfe tohtan sêcaþ, weil die Idee der Wirklichkeit eintritt) 1176—1180.

b) Die unmittelbare Folge der einen Handlung auf die andere wird durch den mit siððan (842), siððan êdre (1002), siððan ærest (116.) (502?) = sobald als eingeleiteten Nebensatz ausgedrückt. Der Modus ist der Indikativ: þâ wäs môdgemynd myclum geblissod, hige onhyrded þurh þät hâlige tréo, inbryrded brêostsefa, *syððan* bêacen *geseh* hâlig under hrûsan 840. secgas ne gældon, syððan andsware êdre gehŷrdon 1002. þær wäs borda gebrec ond beorna geþrec . . syððan hêo earhfäre icrest mêtton 114. þät hê manegum wearð folca tô frôfre, syððan him frymda god naman oncyrde 501.

c. Der Nebensatz, welcher eine mit der Handlung des Hauptsatzes gleichzeitige ausdrückt, wird durch þær (1105. 70) = während eingeleitet. Beide Fälle haben den Indikativ: leort ðâ tâcen forð, *þær* hie tô *sægon*, fäder, frôfre gâst, ðurh fŷres blêo ûp êðigean 1105. þâ wearð on slæpe sylfum ätŷwed þâm câsere, *þær* hê on corðre *swäf*, sigerôfum gesegen swefnes wôma 69 f.

d. Wenn die im Nebensatze ausgedrückte Thätigkeit den Anfangspunkt für die des Hauptsatzes angiebt, so dienen syððan (siððan) (230. 914. 1037), þäs þe (4. 68), þät (9) = seitdem als Konjunktionen. Der Indikativ ist der alleinige Modus: ðâ wäs orenæwe idese siðfät, siððan wæges welm werode gesôhte 229. here wîcode, eorlas, ymb äðeling êgstrêame nêah on nêaweste nihtlangne fyrst, þäs þe hie feonda gefär fyrmest gesægon 65 f. þâ wäs syxte geâr Constantînes câserdômes, þät hê Rômwara in rîce wearð âhäfen, hildfruma tô heretêman 7.

e. Der Nebensatz, welcher eine der Handlung des Hauptsatzes vorangehende Thätigkeit enthält, wird durch siððan = nachdem eingeführt (248. 1015. 1051). Das Prädikat des Nebensatzes steht im Indikativ: (ewên sîðes gefeah) syþþan tô hŷðe hringedstefnan ofer lagofästen geliden häfdon on Crêca land, cêolas lêton . . bidan beorna geþinges 248.

f. Wenn die Handlung des Nebensatzes auf die des Hauptsatzes folgt, wird der erstere durch ær (447. 676. 863. 1241. 1246. 1254) und ærþan (1084) eingeleitet. Wenn die Handlung als Faktum hingestellt wird, so steht hier der Indikativ: nysse ic gearwe be ðære rôde riht, ær mê rûmran geþeaht þurh ðâ mæran miht on môdes þeaht, wîsdôm, onwrâh 1240. ic þäs wuldres trêowes oft, nales æne, häfde ingemynd, ær ic þät wundor onwrigen häfde 1252 ff. 863. 1246. — Soll dagegen dieselbe als beabsichtigte Folge oder als blofs gedacht hingestellt werden, so wird der Konjunktiv verwendet: (þonne) þû snûde gecŷð, min swæs sunu, *ær* þec swilt *nime* 446. þû scealt geagninga

wisdôm onwréon, swâ gewritu secgaþ, æfter stedewange hwær
sêo stôw sie Caluarie, ær þec cwealm nime 673. â min hige
sorgað, rêonig rêoteð ond geresteð nô, ærþan mê gefylle fäder
älmihtig willan minne 1082.

  g. Um durch die Handlung des Nebensatzes den Endpunkt
der Dauer der Haupthandlung zu bezeichnen, wird der mit ôð
þät (866. 886) eingeleitete Nebensatz verwendet. Der Indikativ
drückt das Faktum aus: hrâ wäs on anbide, ôð ðät him uppan
äðelinges wäs rôd âræred 885; der Konjunktiv die Erwartung,
Absicht: ær hê âsettan heht on þone middel þære mæran byrig
bêamas mid bearhtme ond gebidan þær, ôð ðät him gecyðde
cyning älmihtig wundor for weorodum be ðâm wuldres trêo 863
(vgl. Teil 1. Kap. V. § 3, I. 2. e.).

  5. Der Kausalsatz.
  Über die Verba des Affektes vgl. 2.
  Als Kausalpartikeln werden verwendet þät (496. 933. 942),
þät þe (59), þäs (823), þäs þe (957. 1317) = dafs, weil, des-
halb weil, þâ (294. 389. 556) = dadurch dafs, indem; ferner
fügt die Temporalpartikel nû immer zugleich eine Begründung
des Hauptsatzes an = nun da (534. 702. 815. 908. 1171), sogar
mit Verlust der temporalen Nebenbedeutung (635). Der Kausal-
satz weist als Ausdruck eines thatsächlich vorliegenden Grundes
überall den Indikativ auf, mit einer Ausnahme 823, wo der
Konjunktiv zum Ausdruck des blofs gedachten Grundes dient:
bäd þrymcyning, þät hê him þâ wêadæd tô wräce ne sette, þät
hîe for äfstum unscyldigne, synna lêasne, Sâwles lârum feore
beræddon 494. cyning wäs âfyrhted, siððan elþêodige, Hûna and
Hrêða here, scêawedon, *ðät þe* (?) on Rômwara rices ende ymb
þäs wäteres stäð werod *samnode* 56—60. sefa wäs þê glädra,
þäs þe hêo *gehŷrde* þone hellesceaþan oferswiðedne 956. gê
þære snyttro unwislice, wrâðe, wiðwurpon, *þâ* gê *werydon* þanc,
þe etc. 293. ic ne mäg âreccan, nû ic þät rim ne can 635. —
þær is brôðor min geweorðod in wuldre, *þäs* hê *wære* wið þec,
Stephanus, hêold 822.

  6. Der Konditionalsatz.
  Die gewöhnliche Konjunktion, welche zur Einleitung des
Nebensatzes dient, welcher die Bedingung aufstellt, unter der
die Handlung des Hauptsatzes eintritt, ist gif (435. 441. 459.

514. 533. 541. 575. 621. 773. 777. 782. 789. 857. 1004); neben dieser erscheint þær (839. 979 [?]). Wenn der Konditionalsatz einen Fall enthält, in welchem die Thätigkeit des Hauptsatzes nicht eintritt, so wird als Fügewort bûtan gebraucht. (689, 539. 661 in elliptischen Sätzen).

I. a. Der Indikativ stellt in den durch gif und þær eingeleiteten Sätzen die Bedingung als wirklich und thatsächlich hin: nû gê geare cunnon, hwät êow þäs on sefan sêlost þince tô gecŷðanne, *gif* ðêos cwên ûsic *frigneð* ymb ðät trêo 531, so 459. 514. 575. 839. 979. Jedoch steht der Indikativ einmal auch zum Ausdruck der blofs möglichen Handlung: ne bið lang ofer ðät, þät Israhêla äðelu môten ofer middangeard mâ ricsjan, *gif* ðis ŷppe *bið* 432. Die Handlung wird durch den Indikativ als wahrscheinlich eintretend angedeutet.

b. Der Konjunktiv a) des Präsens stellt die Bedingung als eine blofs mögliche dar, deren Verwirklichung in der Zukunft eintreten kann: gif þê þät gelimpe on lifdagum, þät ðû gehŷre etc. þonne þû snûde gecŷð 441—446. dô, swâ þê þynce, gif ðû frugnen sie 541. gif ðû in heofonrîce habban wille eard mid englum ond on corðan lif, saga ricene mê etc. 621. so noch 773. 789. 857. 1004.

β) der Konjunktiv des Präteritums drückt eine unmögliche, unerfüllbare Bedingung aus 777. 782. s. die Stelle T. 1. Kap. V. § 4. II. 2.

II. Der durch bûtan eingeführte Ausnahmefall, welcher nur einmal sich im vollständigen Satze findet, weist den Konjunktiv auf: þät ðû hungre scealt for encômâgum cwylmed weorðan, bûtan þû forlæte þâ lêasunga ond mê sweotollîce sôð gecŷðe 687.

7. Der Konzessivsatz.

Der Nebensatz der Einräumung wird eingeführt durch þêah (48. 82. 174. 362. 393. 479. 509. 513. 707. 824. 1118. 1259).

Der Indikativ des Prädikats im Konzessivsatze bezeichnet die thatsächliche Existenz des Eingeräumten: wæron Rômware, secgas sigerôfe, sôna gegearwod wæpnum tô wigge, þêah hie werod læsse häfdon tô hilde 46 f. so 174. 362. 393. 479. 1118.

Der Konjunktiv dient zum Ausdruck der blofs angenommenen Einräumung: ne ondræd þû ðê, ðêah þê elþêodige egesan hwôpan 81. nû þû mealt gehŷran, hæleð min se lêofa, hû ârfäst is ealles wealdend, þèah wé æbylgð wið hine oft gewyrcen 511—13. ic ádréogan ne mäg né leng helan be ðám lifes tréo, þèah ic ær mid dysige þurhdrifen wære ond ðät sóð tô late seolf gecnéowe 705. 824. 1259. Jedoch steht der Konjunktiv einmal, wo eine thatsächliche Existenz des Eingeräumten vorliegt: him nænig wäs ælærendra óðer betera . . þèah hè Stephanus stânum *hehte* ábréotan on beorge 505—510.

8. Der Konsekutivsatz.

Der Nebensatz der Folge wird dem Hauptsatze durch þät angefügt (15. 36. 209. 501. 580. (?) 615. 830. 933. 1152); der negative Folgesatz durch swá né, ohne dafs (340).

Der Satz, welcher die Folge der Handlung des Hauptsatzes als thatsächlich hinstellt, hat das Prädikat im Indikativ; so in den meisten Fällen: hine god trymede mærðum ond mihtum, þät hé manegum wearð mannum tô hróðer 14, so 36. 209. 501 (?). 580 (?). 830.[1]) 933. 1152.

Nur an einer Stelle, wo an einen blofs angenommenen Fall eine mithin blofs gedachte Folge sich anschliefst, steht das Prädikat des Folgesatzes im Konjunktiv: hú mäg þæm geweorðan, þe on wéstenne mórland trydeð, ond him hláf and stân on gesihðe bú samod geweorðað streac ond hnesce, *þät* hé þone stân *nime* wið hungres hléo, hláfes ne gíme 611—616.

Der negative Folgesatz zeigt auch den Indikativ: éow ácenned bið cniht on dégle mihtum mære, swá þäs módor ne bið wästmum géacnod þurh weres frige 339.

9. Der Finalsatz.

Der Nebensatz der Absicht, welcher durch þät (324. 375. 409. 552. 677. 679. 1055), verneint durch þät mit ne (428), oder þý læs (430) eingeleitet wird, zeigt den Konjunktiv in allen Fällen mit Ausnahme eines (324), wo der Konjunktiv durch Umschreibung mit einer als Modalverb zu betrachtenden Indikativform von magan vertreten ist: findaþ gén, þá þe fyrngewritu þurh snyttro cräft sélest cunnen, æriht éower, *þät* mé andsware þurh sidne sefan secgan *cunnen* 373. sundor ásécaþ, þá þe snyttro mid éow mägn ond módcräft mæste hæbben, *þät* mé þinga gehwylc þríste *gecýðan* 407. éow þèos cwén laþaþ, secgas, tô salore, *þät* gé seonoðdómas rihte *reccen* 551, so

---

[1]) funde, V. 831 ist Indik. schwaches Prät.; vgl. Sievers, § 286 Anm. 2.

677. 679. 1055. nû is þearf mycel, þät wê fästlîce ferhð staðeljen, *þät wê ðäs morðres meldan ne weorðen*, hwær þät hâlige trio beheled wurde äfter wîgþräce, þý læs tôworpen *sien fród fyrngewritu* 426—431. — georne sôhton þâ wîsestan wordgerýno, þät hio þære cwêne oncweðan meahton swâ tiles, swâ trâges 322.

10. Der Modalsatz.

Wenn der Nebensatz zum Hauptsatze im Verhältnisse der Gleichheit steht, so dient swâ zur Einführung des Vergleiches in vollständigen wie in unvollständigen Nebensätzen. Ich zähle nur die vollständigen auf: 87. 100. 190. 207. 223. 378. 411. 478. 498. 541. 589. 597. 606. 674. 715. 785. 835. 838. 896. 972. 1022. 1131. 1155. 1255. 1269. 1291. 1294. Neben swâ erscheint swylce 804. 1113. Ein Korrelat findet swâ im Hauptsatze mehrfach an swâ (785—789, 477—478), oder ðus (189—190).

Der Indikativ ist hier der herrschende Modus z. B. ûp lôcade, swâ him se âr âbêad 87.

Der Konjunktiv steht nur an zwei der oben genannten Stellen, 541, 896, zum Ausdruck der subjektiv erscheinenden Gleichheit; dô, *swâ þê þynce* 541. ðâ wäs þâm folce ingemynde, swâ him â scyle, wundor etc. 895.

Bei der Vergleichung der Ungleichheit wird der vollständige oder verkürzte Nebensatz mit þonne eingeleitet (48. 74. 388. 647, an den beiden letzten Stellen unvollständige Vergleiche).

Der Indikativ scheint V. 47 f.: þêah hie werod læsse hätdon tô hilde, þonne Hûna cining ridon ymb rôfne die konkrete Natur der Vergleichungsobjekte anzudeuten, während der Konjunktiv V. 72 ff.: þûhte him wlitescýne ou weres hâde hwît ond hiwbeorht hälcða nâthwylc geýwed œnlicra, þonne hé ær oððe sîð gesêge under swegle wohl mehr die allgemeine Natur des Inhaltes ausdrückt.

11. Die indirekten Fragesätze.

Sie zerfallen in zwei Klassen:

1. entweder wird der Inhalt des Satzes überhaupt in Frage gestellt, deutsch „ob". Der einzige dieser Art vorkommende Fall entbehrt des sonst gebräuchlichen Fragewortes gif oder hwäðer und zeigt die Wortstellung der direkten Frage, in welche

auch bald übergegangen wird, der Modus aber ist der Konjunktiv: ðâ þäs fricggan ongan folces aldor, sigeróf cyning, ofer sid weorod, *wære* þær ænig yldra oððe gingra, þe him tô sôðe secgan meahte .. hwät se god wære, þe þis his bêacen *wäs*, þe mê etc. 157 ff.;

2. oder ein Satzglied, welches durch ein fragendes Fürwort mit oder ohne anderweitige Bestimmung oder durch ein fragendes Adverb ausgedrückt ist. Als Fragefürwörter der indirekten Frage erscheinen hwät (161. 400. 414. 532. 608. 649. 1160. 1165), hwylc (851. 858. 862); als Adverbien hwær (205. 217. 429. 563. 624. 675. 720. 1103), tô hwan (= wozu, 1158), hû (176. 179. 185. 335. 367. 474. 512. 561. 954. 960. 997).

Indikativ und Konjunktiv werden gleich verwendet.

Der Indikativ in der indirekten Frage läfst den Charakter der Frage mehr oder weniger verschwinden, und der Nebensatz erscheint mehr als assertorischer Satz: so bei *hwät:* gê þät geare cunnon êdre gereccau, *hwät* þær eallra *wäs* on manrime morðorslehtes 648 (über die durch das vorhergehende þät angedeutete Annäherung von hwät an das Relativ vgl. Teil 1. Kap. III. § 6); *hwær*: þâ se æðeling fand þurh lârsmiðas .. on godes bôcum, *hwær* âhangen *wäs* on rôde trêo rodora waldend 202—206. 563 (?). 720 (?); *hû:* ðät hie for þâm câsere cŷðan môston godspelles gife, *hû* se gâsta helm in þrŷnesse þrymme geweorðad âcenned *wearð* 175—8, so 179. 185. 367. 512. 561. 954. 997.

Der Konjunktiv des Prädikats steht in der indirekten Frage da, wo der Charakter der Frage gewahrt bleibt, so bei: *hwät:* nê wê geare cunnon, þurh *hwät* ðû ðus hearde, hlæfdige, ûs eorre *wurde* 399. sôhton, *hwät* sio syn *wære* 414, so 532. 608. 1160. 1165 u. 161 (s. o. unter 1.); *hwylc* (an allen Stellen): þâ frignan ongan, on *hwylcum* þâra bêama bearn wealdendes hangen *wære* 850 f. ne meahte hire Jûdas sweotole gecŷðan be ðâm sigebêame, on hwylcne se hælend âhafen wære 860. 858 (?); *tô hwan:* þeodewên ongan georne sêcan, tô hwán hio þâ næglas sêlost and deorlicost gedôn *meahte* 1156 f. *hû:* gê witgena lâre onfêngon, *hû* se liffruma in cildes hâd cenned *wurde* 334. sôhton, *hû* hie sunu meotudes âhêngon[1]) 474. wundrade

---

[1]) Ich halte âhêngon für einen Konjunktiv trotz der Endung ⁀ on.

(Elene) ymb þäs weres snyttro, hú hê swâ gelêafful on swâ lytlum fäcc ond swâ uncýðig æfre *wurde* glêawnesse þurhgoten 959.

Die indirekte Doppelfrage wird durch gê .. gê sei es, dafs .. sei es, dafs eingeleitet, das Prädikat steht im Konjunktiv: him wäs geômor sefa, hât ät heortan ond gehwäðres wâ, gê hê heofonrîces hyht swâ môde ond þis andwearde ânforlête rîce under roderum, gê hê ðâ rôde tæhte 627.

III. Die Relativsätze.

Der Modus des Prädikats in Relativsätzen unterliegt denselben Gesetzen, wie in anderen Nebensätzen.

Der Konjunktiv findet sich demnach:

a. in Relativsätzen, welche einem konjunktivischen Nebensatze untergeordnet sind, und deren Inhalt ebenfalls als blofs angenommen, möglich gilt; so unter Objekts- und indirekten Fragesätzen: wære þær ænig yldra oððe gingra, þe him tô sôðe secgan *meahte* 159 f. sôhton, hwät sîo syn wære, þe hie on þâm folce gefremed *häfdon*[1]) wið þâm câsere, þe him sîo cwên *wîte* 414 ff. 975 f. (s. unten bei d. die Stelle). þâ sêo cwên ongan læran lêofra hêap, þät hie .. þäs lâttêowes lârum hýrdon, þe him Cyriacus *bude* bôca glêaw 1205—12. — Öfter steht hier jedoch der Indikativ; der Relativsatz tritt alsdann aus dem Gefüge des Konjunktivsatzes heraus, und die im Relativsatze liegende Thätigkeit wird als wirkliche bezeichnet; so steht der Indikativ unter einem Konjunktiv: gif þê þät gelimpe on lîfdagum, þät ðû gehýre ymb þät hâlige trêo fróde frignan and geflitu ræron be ðâm sigebêame, on þâm sôð cyning âhangen *wäs*, þonne etc. 441—445, so 421. 423. 602. 625. 774. 792. 818. 987. 1080. 1092. 1224.

b. Wenn der Relativsatz an sich ein Wunschsatz ist: (sie) hira dæl scîred mid Marian, þe on gemynd *nime* þære dêorestan dägweorðunga rôde 1232 ff.

c. Im Relativsatze, welcher einem Heischesatze folgend eine Forderung, Absicht ausdrückt: gangaþ nú snûde, snyttro geþencaþ weras wîsfäste, wordes cräftige, þâ ðe êowre æ on ferhðsefan fyrmest *häbben*, þâ me sôðlîce secgan *cunnon*, andsware

---

[1]) häfdon ist wohl auch als Konjunktiv anzusehen.

cýdan etc. 313—318. nù ge raþe gangaþ ond findaþ gên, þâ þe fyrngewritu þurh snyttro cräft sêlest *cunnen* 372—4. gê nù hraðe gangað, sundor âsêcaþ, þâ ðe snyttro mid êow mägn ond môdcräft mäste *häbben* 406—8.

d. Überhaupt, wenn nicht eine wirkliche Thatsache, sondern eine einfache Möglichkeit ausgedrückt wird, so, wenn das Relativ sich auf einen Superlativ bezieht: þät Cristes rôd funden wære, sêlest sigebêacna, þâra þe sið oððe ær hâlig under heofenum âhafen *wurde* 973—6. þær sio hâlige rôd gemeted wäs, mærost bêama, þâra þe gefrugnen foldbûende on eorðwege 1012—15. þone mæran däg, in ðâm sio hâlige rôd gemêted wäs, mærost bêama, þâra þe of eorðan ûp âwôoxe 1223—6.

Druckfehler.

Leider haben sich einige störende Versehen in den Text eingeschlichen:

Seite 290 Zeile 9 von unten ist zu tilgen **2. Teil.**
„ 306 „ 1 „ oben lies **oðða** statt odda.
„ 307 „ 19 „ „ „ wieg byrð statt wiegbyrð.
„ 311 „ 19 „ „ „ beauþreata mæst.
„ 312 „ 2 „ unten lies **wêmend** statt rênjend.
„ 325 „ 8 „ oben lies I. **1.** b. statt I. 2. b.
„ 340 „ 9 „ unten ist ein Komma hinter sogleich zu setzen.
„ 342 „ 4 „ oben lies die Weise **der Thätigkeit.**

Inhalt.

Erster Teil.
Syntax der Wortklassen.

	Seite
Kapitel I. Syntax des Substantivs	3
§ 1. Bemerkungen über den syntaktischen Gebrauch der Numeri	3
§ 2. Bemerkungen über den Gebrauch der Kasus	4
§ 3. Gebrauch des Artikels	5
§ 4. Die Funktionen des Substantivs im Satze	9
Kapitel II. Syntax des Adjektivs	9
§ 1. Substantivierung des Adjektivs	9
§ 2. Die Rektion der Adjektive	10
§ 3. Die syntaktischen Verwendungen des Adjektivs	12
Kapitel III. Syntax des Pronomens	12
§ 1. Das Personalpronomen	12
§ 2. Ersatz des Reflexivpronomens	14
§ 3. Das Possessivpronomen	14
§ 4. Das Demonstrativpronomen	16
§ 5. Das Relativpronomen	19
§ 6. Das Interrogativpronomen	21
§ 7. Die Pronomina indefinita	22
Kapitel IV. Syntax des Numerale	25
§ 1. Die Kardinalzahlen	25
§ 2. Die Ordinalzahlen	27
§ 3. Die übrigen Klassen der Zahlwörter	27
Kapitel V. Syntax des Verbums	28
§ 1. Arten des Verbums und Vertauschung derselben	28
§ 2. Die Genera des Verbums	33
§ 3. Die Tempora des Verbums	35
§ 4. Die Modi des Verbs im Hauptsatze	39
§ 5. Der Infinitiv	40
§ 6. Die Participien	41
§ 7. Das Verbalsubstantiv	43

	Seite
Kapitel VI. Syntax der inflexibeln Wortklassen	44
§ 1. Die Präpositionen	44
§ 2. Das Adverb	53
§ 3. Die Konjunktionen	58
§ 4. Die Interjektionen	58

Zweiter Teil.
Die Syntax des Satzes.

Vorbemerkung	59
Kapitel I. Syntax der notwendigen Satzteile	59
§ 1. Kongruenz des Prädikats mit dem Subjekt	59
§ 2. Die Stellung des Subjekts und des Prädikats	61
§ 3. Die Rektion des transitiven Prädikats	63
§ 4. Die Stellung des Objekts zu dem Prädikate	69
§ 5. Das Prädikatsnomen	70
Kapitel II. Syntax der möglichen Satzteile	75
§ 1. Das Adverb	75
§ 2. Die adverbiale Bestimmung	76
§ 3. Die Apposition	80
§ 4. Das Attribut	82
§ 5. Die attributive Bestimmung	88

Dritter Teil
Die Syntax der Periode.

Kapitel I. Aneinanderreihung von Sätzen	92
§ 1. Die syndetische Aneinanderreihung	92
§ 2. Die asyndetische Aneinanderreihung	94
§ 3. Gebrauch der parataktischen Aneinanderreihung statt der begrifflich erforderlichen hypotaktischen	96
Kapitel II. Die Verbindung von Hauptsatz und Nebensatz	97
§ 1. Die Formen der Verbindung zwischen Hauptsatz und Nebensatz	97
§ 2. Die innere Abhängigkeit des Nebensatzes vom Hauptsatze	98